LEGADO

JAMES KERR

LEGADO

15 LIÇÕES DE LIDERANÇA

QUE PODEMOS APRENDER COM O TIME DE RUGBY ALL BLACKS

Tradução
Maria Silvia Mourão Netto

Benvirá

- O autor e a editora se empenharam para citar adequadamente e dar o devido crédito a todos os detentores de direitos autorais de qualquer material utilizado neste livro, dispondo-se a possíveis acertos posteriores caso, inadvertida e involuntariamente, a identificação de algum deles tenha sido omitida.

- Traduzido de:
LEGACY
Copyright © James Kerr 2013
First published in Great Britain in 2013 by Constable, an imprint of Little, Brown Book Group
All Rights Reserved.
ISBN: 9781472103536

- Direitos exclusivos para o Brasil para a língua portuguesa
Copyright da edição brasileira ©2016 by
Benvirá, um selo da SRV Editora Ltda.
Uma editora integrante do GEN | Grupo Editorial Nacional
Travessa do Ouvidor, 11
Rio de Janeiro – RJ – 20040-040

- **Atendimento ao cliente: (11) 5080-0751 | faleconosco@grupogen.com.br**

- Reservados todos os direitos. É proibida a duplicação ou reprodução deste volume, no todo ou em parte, em quaisquer formas ou por quaisquer meios (eletrônico, mecânico, gravação, fotocópia, distribuição pela Internet ou outros), sem permissão, por escrito, da **SRV Editora Ltda.**

- Imagem de capa: Seconds Left/REX/Shutterstock
Capa: Bruno Sales
Diagramação: Nobuca Rachi

- **DADOS INTERNACIONAIS DE CATALOGAÇÃO NA PUBLICAÇÃO (CIP)**
ANGÉLICA ILACQUA CRB-8/7057

Kerr, James
Legado : 15 lições de liderança que podemos aprender com o time de rugby All Blacks / James Kerr ; tradução de Maria Silvia Mourão Netto. – 1. ed. [11. Reimp.] São Paulo : Saraiva, 2025.

272 p.
ISBN 978-85-5717-041-4 (Impresso)
Título original: *Legacy – 15 Lessons in leadership*

1. Liderança 2. Sucesso – Aspectos psicológicos 3. Sucesso nos negócios 3. Motivação I. Título II. Mourão Netto, Maria Silvia

                        CDD-158.1
16-0638   CDU-159.947.5

Índices para catálogo sistemático:
1. Liderança de equipes
2. Sucesso pessoal e nos negócios

Para Jo Jo
E todos os que vieram antes dela,
e todos os que virão depois.

Kua hinga te tōtara haemata
i te wao nui a Tāne.

Uma árvore majestosa
caiu na floresta de Tane.

O desafio

Quando os adversários se alinham para enfrentar o time de rugby da Nova Zelândia – os All Blacks –, eles se veem diante do *haka*, o desafio altamente ritualizado lançado por um grupo de guerreiros contra outro. Os maori acreditam que o *haka* evoca os *tīpuna*, nossos ancestrais, desde o fundo da terra até a alma. O *haka* convoca-os para nos ajudar em nossa luta pela vida, imitando o som do *ngunguru*, o surdo ribombar de um terremoto:

> É a morte! É a morte!
>> Talvez eu morra! Talvez eu morra!
> É a vida! É a vida!
>> Talvez eu viva! Talvez eu viva!

Os rivais enfrentam o *haka* de várias maneiras. Alguns tentam ignorá-lo, enquanto outros avançam alguns passos, mas a maioria se posiciona ombro a ombro, decididos a encará-lo. Seja qual for a resposta, no íntimo o time adversário sabe que está diante de mais do que apenas quinze jogadores individuais. Sabe que está diante de uma cultura, uma identidade, um *éthos*, um conjunto de crenças, e de uma paixão coletiva e um senso de propósito que ultrapassam tudo que já tenha enfrentado anteriormente.

Na maioria das vezes, no momento em que o *haka* chega ao auge, o time adversário já perdeu, pois o rugby, assim como os negócios e quase tudo o mais na vida, é essencialmente um jogo mental.

Os All Blacks formam o time de rugby de maior sucesso da história. Têm sido descritos como a mais bem-sucedida equipe esportiva de todos os tempos, em todos os sentidos. Desde a profissionalização do jogo, o time apresenta o extraordinário índice de mais de 86% de vitórias e é o atual campeão mundial da modalidade.

Como os All Blacks conseguem isso?

Qual é o segredo desse êxito?

Qual é o diferencial competitivo do time?

O que podemos aprender com ele?

Em junho de 2010, juntamente com o fotojornalista Nick Danziger, passei cinco semanas convivendo com os All Blacks enquanto o time se preparava para disputar a Copa do Mundo de Rugby. Com essa intensa aproximação, tive uma visão privilegiada dos bastidores de uma extraordinária cultura de alto desempenho e aprendi que os métodos ali empregados fornecem um modelo inspirador e eficiente para líderes de outros campos.

Em fevereiro de 2013, tornei a visitar o antigo técnico do time, *Sir* Graham Henry, e seus assistentes, Wayne Smith e Gilbert Enoka, figuras centrais do êxito dos All Blacks no campeonato mundial, para lhes fazer algumas perguntas sobre liderança. Conversei também com alguns dos mais famosos ex-jogadores do time, além de publicitários, consultores de administração, especialistas em recursos humanos e contratação de profissionais, designers, professores, advogados, psiquiatras, psicólogos e fisioterapeutas, e ainda um cantor de ópera, um piloto de acrobacias e especialistas nos costumes tribais dos maori e em sua língua e crenças. Cruzei toda essa pesquisa com minha própria experiência com narrativas sobre marcas, mudanças de cultura corporativa e posicionamento de mercado envolvendo as maiores empresas do mundo, na tentativa de explicar o excepcional sucesso dos All Blacks e como poderíamos aplicá-lo a fim de liderar nossos próprios negócios e nossa vida.

O que aprendi resultou neste livro.

O *haka* traz à mente a fragilidade inerente a todas as formas de vida. Como é escasso o tempo dado a cada um de nós e quanto ainda temos a fazer.

Ele nos lembra que:

Nosso tempo é agora.

James Kerr

Sumário

		Prefácio	15
I	|	Caráter	21
II	|	Adaptação	45
III	|	Propósito	59
IV	|	Responsabilidade	77
V	|	Aprender	93
VI	|	*Whānau*	115
VII	|	Expectativas	129
VIII	|	Preparativos	143
IX	|	Pressão	159
X	|	Autenticidade	175
XI	|	Sacrifício	187
XII	|	Linguagem	199
XIII	|	Ritual	217
XIV	|	*Whakapapa*	231
XV	|	Legado	247

Os primeiros XV: lições de liderança   249

Whakataukī   251

Agradecimentos   255

Referências bibliográficas   259

Prefácio

Apesar de praticar e acompanhar com entusiasmo todo tipo de esporte desde a juventude, o rugby nunca despertou muito meu interesse ou ocupou lugar de destaque em minha vida. Mesmo após anos de colaboração com o projeto da Confederação Brasileira de Rugby (CBRu) para popularizar o esporte no Brasil e apresentar o país como uma potência na modalidade – para o qual fui atraído graças à visão, paixão e insistência de meu amigo e sócio Eduardo Mufarej, atual Presidente do Conselho de Administração da CBRu –, ainda me sinto pouco familiarizado com o esporte.

Apesar da pouca intimidade com o rugby, nenhum livro me trouxe tanta inspiração e causou tanto impacto em meu desenvolvimento profissional quanto *Legado*. O livro, que relata o processo de imersão de James Kerr no mundo dos All Blacks e extrai dessa experiência valiosas lições sobre a equipe com o maior índice de vitórias da história de todos os esportes, continua a exercer enorme influência na maneira como encaro o desafio de transformar a BRF — dona das marcas Sadia, Perdigão e Qualy — em uma líder global na área de alimentos.

Dentre as valiosas lições exploradas por Kerr, talvez aquela que mais me toque seja o comprometimento dos All Blacks com um propósito que extrapola os limites do esporte. Quando a equipe entra em campo, o que está em jogo não é apenas o trinômio fama, fortuna e felicidade, que tanto move nossa sociedade nos dias de hoje e, em particular, esportistas e altos executivos. Os All Blacks jogam cada partida para defender seu histórico de equipe com maior índice de vitórias da história, honrando assim seus ancestrais e deixando a mágica camisa negra em melhor situação para aqueles que os sucederão um dia. Essa noção clara da razão maior que os une transforma os All Blacks em uma equipe predisposta a encarar e superar todo tipo de desafio.

O relato de James Kerr sobre alguns dos princípios e comportamento ético dos All Blacks causa inveja e frustração em alguém apaixonado por futebol como eu. Na busca de seu propósito maior, os All Blacks limpam o próprio vestiário após cada partida, por maior que tenha sido a vitória alcançada. E esse gesto simbólico faz com que todos se lembrem de que ninguém ali é maior ou mais importante do que os demais membros. Nas verdadeiras equipes de alta *performance* não há espaço para heróis ou egoísmo.

Assim como várias empresas que admiro, os All Blacks incorporaram de forma valiosa o *kaizen*, o consagrado método japonês de melhoria contínua. A busca incessante por oportunidades de aprimoramento em cada uma das atividades a que se dedicam faz com que os neozelandeses se reinventem a cada momento, garantindo adaptabilidade e capacidade de respostas a todo tipo de situação. Para os All Blacks, esse processo adaptativo é estimulado por princípios bastante claros de autonomia e autorregulação. Qualquer líder empresarial se surpreenderia com quão limitado é o papel exercido pelo técnico da maior equipe da história. Os jogadores têm incrível liberdade para determinar suas estratégias, táticas e até impor penalidades a demais membros da equipe em determinadas circunstâncias.

Gosto de oferecer o livro a novos integrantes da equipe da BRF e continuo buscando doses quase semanais de inspiração no livro de James Kerr, por isso, não poderia ficar mais honrado com a oportunidade de escrever o prefácio da edição brasileira do *Legado*.

Ao final, assim como os All Blacks, tenho certeza de que, em minha trajetória pessoal e profissional, a única medida relevante de sucesso, para além dos resultados financeiros e conquistas obtidas, será o legado e a inspiração do passado enquanto ancestral para as futuras gerações de líderes que me sucederão.

Boa leitura!

Pedro Faria
Presidente da BRF

*O sucesso excepcional exige
circunstâncias excepcionais.*

WAYNE SMITH,
ex-técnico assistente dos All Blacks

Caráter

Waiho mā te tangata e mihi.
Que outra pessoa elogie suas virtudes.

VARRA O VESTIÁRIO
Nunca seja grande demais para fazer
as pequenas coisas que precisam ser feitas.

Nova Zelândia × País de Gales, Carisbrook, Dunedin, 19 de junho de 2010

"Carisbrook é um lugar frio", afirma Conrad Smith, primeiro centro dos All Blacks. "O vento sobe chicoteando desde a Antártida e atinge precisamente o seu saco." Os pôsteres do jogo anunciam: "Bem-vindos à Casa da Dor".

O técnico principal, Graham Henry, dá uma volta a pé na companhia da esposa, Raewyn – um ritual pré-jogo. Seus assistentes, Wayne Smith e Steve Hansen, batem papo com o gerente do time, Darren Shand, no salão de café da manhã do hotel. Gilbert Enoka, técnico responsável pelo equilíbrio psicológico do grupo, caminha entre os jogadores, trocando breves palavras com eles. Seu guru descalço.

No piso superior, Errol Collins, mais conhecido como "Possum" [Gambá], encarregado do vestiário, começa a distribuir as camisetas.

Todo time tem o seu Gambá. Oficialmente, seu papel é cuidar do equipamento. Das ombreiras às bolas de treino, dos coletes para o aquecimento às gomas de mascar e das meias de treino a conselhos sensatos, concisos, nascidos da experiência, tudo quem resolve é o Gambá. Ele está ali para cuidar dos jogadores. Nos dias de partidas internacionais, ele organiza as camisetas pretas.

Os maori têm uma palavra – *taonga* – que significa "tesouro". A camiseta preta é *taonga*, um objeto sagrado. A malha preta com a folha prateada de samambaia.

> **Líderes de sucesso mantêm orgulho e humildade em equilíbrio: absoluto orgulho pelo desempenho e total humildade perante a magnitude da missão.**

Desde 1905, quando os "Originals" chegaram e arrebataram a Europa como um furacão, a camiseta preta traduz a essência e as esperanças da pequena ilha-nação. No decorrer dos últimos cem anos, aproximadamente, a roupa deixou de ser algo improvisado, com um cordão no colarinho, e se transformou na camiseta-armadura desses gladiadores de hoje, com sua malha justa que não retém o suor. Sua essência, porém, continua a mesma, como símbolo de excelência, muito trabalho e capacidade dos neozelandeses de se tornarem, com sacrifício, empenho e habilidade, os melhores do mundo.

Depois de almoçarem mais cedo – frango com batatas cozidas –, em duplas e trios, os jogadores sobem para o vestiário: o capitão, Richie McCaw, e Kieran Read, Tony Woodcock, Brad Thorn, Joe Rokocoko... Os Escolhidos. Lá recolhem seu prêmio: calção preto, meias pretas com três listras brancas e a camiseta preta com a folha prateada de samambaia. Conforme as camisetas vão sendo distribuídas, aparece a "cara de jogador" de cada um: agora todos são All Blacks.

"Ainda me lembro da primeira camiseta de Richie McCaw", comenta Gilbert Enoka. "Ele ficou uns 45 segundos, um minuto, com a cabeça afundada na camiseta."

Hoje, McCaw disputa sua 91ª partida pela Nova Zelândia.

"Uma vitória hoje contra o País de Gales não é suficiente. Tem de ser uma grande vitória", diz um comentarista.

No estádio, latas de cerveja fazem barulho ao serem batidas contra as grades de proteção. Um helicóptero sobrevoa o lugar. Vendedores anunciam camisetas.

McCaw desce do ônibus. Um poderoso clamor enche o ar, o *pōwhiri* – a tradicional saudação maori de boas-vindas. Um único varão maori com sua *taiaha*, a lança de ataque. Segue-se uma explosão de *flashes* fotográficos.

McCaw aceita o desafio em nome do time.

Mulheres perdem os sentidos. Homens também.

Os All Blacks encaminham-se para o vestiário.

Sob o estádio, fileiras de mesas dobráveis estão cobertas de esboços, bandagens, copos de carboidratos. A bandeira da Nova Zelândia está na parede: a Union Jack com a constelação Cruzeiro do Sul.

Nenhuma excitação. O time prepara-se em silêncio; muitos dos jogadores usam fones de ouvido. Lá em cima, 35 mil vozes clamam: "Black! Black! Black!".

Os técnicos aguardam enquanto os jogadores se arrumam. Não há manifestações da usual retórica motivacional. Uma palavra aqui, um tapinha nas costas ali, e basta. Agora é somente com os jogadores. É "o ser do time".

Não há mais o que falar. É hora de jogar rugby.

Acaba sendo o jogo de Dan Carter, um de seus melhores dias. O jogador neozelandês corre em duas oportunidades, e a segunda será reprisada para sempre, enquanto houver quem ame esse esporte. Carter marca 27 pontos, o Dez Perfeito. Mais tarde, os jornais dirão: "Os galeses ficaram sem resposta".

Vitória dos All Blacks: 42-7.

Mais uma vez, Carter mostrou que é indispensável. Na realidade, porém, é o momento de Richie McCaw. Hoje ele se torna estatisticamente o mais bem-sucedido capitão dos All Blacks de todos os tempos.

No vestiário, a bebida corre solta.

O lugar está lotado de jornalistas, políticos, patrocinadores e seus filhos, os melhores amigos dos filhos. O doutor Deb, médico dos All Blacks, dá pontos em vários jogadores. Richie McCaw afasta-se para atender a imprensa. Alguns atletas que jogam na primeira linha batem o queixo de frio dentro de enormes latões cheios de gelo, obedientes a essa avançadíssima técnica de recuperação de lesões musculares. Nas caixas de som, Pacifica Rap e em seguida um pouco de *reggae*.

Depois de algum tempo, Darren Shand, o gerente, educadamente esvazia o local.

Agora é só o time. O santuário mais restrito. McCaw, Read, Thorn, Smith, Carter, Dagg, Muliaina. Todos nomes familiares. Amontoados e espremidos nos bancos, todos eles parecem enormes garotos na sala de aula.

É hora de analisar o jogo.

A sessão é comandada por Mils Muliaina. Lesionado, ele é o capitão extracampo de hoje. O vestiário é como um *whare*, local de encontro dos maori, onde todos têm sua vez de falar, contar sua história, expressar sua verdade.

Muliaina passa a palavra para Steve Hansen, "Shag", técnico assistente, cuja avaliação é direta e implacável. Ele diz que foi bom, mas não bom o bastante. Há muito a corrigir no alinhamento lateral [*lineout*, em inglês]. É preciso treinar. Outros times não vão facilitar tanto a nossa vida. Não devemos nos empolgar. Não vamos nos entusiasmar antes da hora. Há alguns jogos difíceis pela frente.

Ele passa a palavra para Wayne Smith, o outro técnico assistente. Smith é um sujeito magro e tenso, de rosto enrugado e expressão perspicaz. Eis aí alguém que conhece os homens, que sabe como pensam, como funcionam, que sabe como extrair o melhor de cada um deles. Depois de alguns comentários incisivos, é a vez de "Gilly", Nic Gill, Ph.D., técnico de condicionamento, que é seguido por Graham Henry, "Ted", o diretor do time, o técnico principal. Mordaz, o humor sarcástico de Henry nem sempre funciona na televisão. Ali, ele é o chefe, o Svengali,[1] o domador desse circo itinerante.

> O desafio é aperfeiçoar sempre, melhorar sempre, mesmo que você já seja o melhor. Especialmente quando você é o melhor.

---

1. Svengali é um personagem fictício do romance *Trilby*, de George du Maurier, de 1894. Svengali é um judeu do Leste Europeu que seduz, domina e explora Trilby, uma donzela inglesa, e faz dela uma famosa cantora. O termo "svengali" passou a se referir à pessoa cujos propósitos maléficos dominam, manipulam e controlam os outros. [N. T.]

Henry parabeniza McCaw por tornar-se o mais bem-sucedido capitão da história dos All Blacks. Depois diz para o time que é preciso trabalhar mais. Muito mais.

Muliaina lembra os jogadores de que devem ter em mente os sacrifícios que fizeram para chegar àquele vestiário. Para finalizar, propõe um brinde a McCaw.

"Ao capitão!", ele diz.

"Ao capitão!", respondem todos.

"Bom trabalho, pessoal. Agora, podemos ir."

Nesse momento acontece algo que não se poderia esperar.

Dois dos jogadores mais destacados – um deles aclamado duas vezes o melhor jogador internacional – pegam cada um uma vassoura e começam a varrer o chão. Vão empurrando a lama e os restos de esparadrapo, formando montinhos nos cantos do vestiário.

Enquanto pelo país inteiro as pessoas ainda estão assistindo ao *replay* das melhores jogadas e os meninos vão para a cama sonhando com as glórias dos All Blacks, os jogadores estão, eles mesmos, colocando em ordem o vestiário.

Varrendo.

Arrumando com todo o cuidado, para que ninguém tenha de limpar a sujeira dos All Blacks.

Porque ninguém toma conta dos All Blacks.

Eles tomam conta de si mesmos.

Caráter   27

Esse é um "exemplo de disciplina pessoal", diz Andrew Mehrtens, ex-abertura dos All Blacks (posição que os neozelandeses chamam de *first five-eight*) e o segundo maior pontuador da história dos All Blacks. "É uma questão de não esperar que outras pessoas façam seu trabalho. Isso ensina a não esperar que as coisas cheguem de bandeja até você."

> Um grupo de indivíduos talentosos mas sem disciplina pessoal inevitavelmente acabará fracassando.
> O caráter importa mais do que o talento.

Ele continua: "Se você tem disciplina em sua vida pessoal, então será mais disciplinado em campo. Se pretende que os rapazes formem um time unido, é preciso ter isso. Você não vai querer um time em que os jogadores sejam individualistas". E conclui: "Eles não vão vencer o tempo todo, mas sem dúvida, no longo prazo, o *time* será melhor".

Vince Lombardi, o lendário técnico do time de futebol americano Green Bay Packers, herdara uma equipe sem bons resultados. Havia anos permanecia na mais baixa colocação da NFL, e até mesmo seus torcedores não viam saída. Lombardi assumiu a equipe em 1959. Dois anos depois, o time venceu o campeonato da NFL, feito repetido em 1962 e 1965, seguido pela vitória no Super Bowl em 1966 e 1967.

Ele explica que seu sucesso foi baseado no que chama de "método Lombardi", que inicia com uma frase simples:

Somente quando você se conhece é que pode se tornar um líder eficiente.

Para ele, tudo começa com o autoconhecimento, com o "Eu Sou", com a fundamental compreensão e valorização das próprias virtudes pessoais. Foi sobre esses alicerces que Lombardi construiu um time de sucesso.

Lombardi acredita que desenvolvemos caráter e integridade a partir de nosso autoconhecimento, e do caráter e da integridade decorre a liderança.

O médico Jon Kabat-Zinn (no livro *Wherever You Go, There You Are*) conta um episódio sobre Buckminster Fuller, pensador e arquiteto visionário.

Deprimido e cogitando a ideia de suicídio, Fuller fez a si mesmo algumas perguntas que revolucionaram sua vida:

> Qual é a minha missão neste planeta? O que precisa ser feito, e sobre o qual sei alguma coisa, e que provavelmente não acontecerá a menos que eu assuma essa responsabilidade?

Essas indagações inspiraram Lombardi e também podem nos inspirar. Podem significar assumir a responsabilidade por um time, uma empresa ou pela vida de milhares de pessoas; ou pode ser algo tão simples quanto varrer o vestiário. Seja como for, começa sendo uma questão de caráter, e o caráter começa com a humildade. Na abertura de cada temporada, Lombardi segura a bola no alto e diz: "Cavalheiros, isto é uma bola de futebol".

Sob a liderança de John Wooden, o Bruins, time de basquete da UCLA, venceu o campeonato nacional universitário dos Estados Unidos por sete anos consecutivos a partir de 1967. No início de cada temporada, segundo reportagem de Claudia Luther, ele se reunia com o time no vestiário e durante vários minutos – *vários* minutos – ensinava todos a calçar as meias:

> Confiram a parte do calcanhar. Não queremos nenhuma ruga em volta do calcanhar... Qualquer ruga seguramente provocará bolhas. Essas bolhas vão fazer vocês perderem o tempo da bola e, se forem bons o bastante, perder o tempo da bola vai significar a demissão do técnico.

Não era realmente uma aula sobre bolhas, sobre o tempo da bola ou sobre o técnico ser ou não mandado embora. Era sobre fazer corretamente o mais básico, atentar para os detalhes, cuidar de si próprio e do time. Era sobre humildade.

"Vencer exige talento", John Wooden costumava dizer. "Repetir a vitória exige caráter."

Assim como o técnico principal dos All Blacks, Graham Henry, John Wooden era um professor. O que não é coincidência.

Outro homem notável foi o técnico de futebol americano Bill Walsh, que se considerava primeiro um professor e, em segundo lugar, um líder.

Entre 1979 e 1989, Walsh treinou o San Francisco 49ers e transformou aquele bando de eternos candidatos a alguma coisa em uma das maiores dinastias esportivas da história dos campos de futebol americano, usando uma filosofia similar. Ele acreditava que "sem caráter você não chega a lugar nenhum. O caráter é indispensável aos indivíduos, e o caráter acumulado é a espinha dorsal de um time vencedor".

Estipule os padrões mais altos possíveis de atuação, desenvolva o caráter de seus jogadores, cultive a cultura de seu time e, como afirma Walsh no título de seu livro, o placar se resolve sozinho [*The Score Takes Care of Itself*].

Como Stuart Lancaster, técnico de rugby da Inglaterra entre 2011 e 2015, disse a Mark Reason, jornalista esportivo especializado em rugby: "Walsh sabia que, se você cria uma cultura mais elevada do que a dos adversários, você ganha. Por isso, em vez de ficar obcecado com resultados, concentre sua atenção no time".

Segundo Vince Lombardi, "o desafio de todo time é construir um sentimento de unidade, de dependência entre todos, porque normalmente a questão não é o desempenho de cada pessoa, mas o entrosamento do conjunto".

> O caráter coletivo é vital para o sucesso. Concentre sua atenção em desenvolver a cultura certa; os resultados serão uma consequência.

Owen Eastwood é um sujeito de múltiplos talentos. Além de advogado, cuja carteira de clientes inclui os All Blacks, ele também tem trabalhado como consultor do time sul-africano Protea, do Comando da OTAN e de outras organizações dedicadas a programas de criação de cultura. Seu trabalho baseia-se na equação:

Desempenho = Capacidades + Comportamento

Ele diz que o comportamento da pessoa pode promover tanto o melhor como o pior de suas capacidades, e que esse princípio se aplica a empresas, times e indivíduos. Eastwood ensina: "Líderes devem criar o ambiente certo para que ocorram os comportamentos corretos. Esse é seu papel".

Ele acrescenta que o comportamento pertence a dois domínios: o público e o privado.

Domínio público refere-se às áreas da vida do jogador em que ele segue o protocolo do time, seja nos treinos, durante os jogos, viajando ou comparecendo a compromissos dos patrocinadores. Aqui se exigem profissionalismo, empenho físico e proficiência.

Domínio privado é aquele em que passamos o tempo do jeito que queremos, aquele em que nosso jogo mental predomina. O jogo mental é o mais importante de todos, já que estamos diariamente diante de nossos hábitos, limitações, tentações e temores.

"Os líderes planejam e criam um ambiente que inspira os comportamentos de alto desempenho necessários ao sucesso", lembra Eastwood. "Os times realmente inteligentes constroem uma cultura que promove os comportamentos de que necessitam."

"Penso que em todos esses ambientes", diz Graham Henry, "quer sejam de negócios ou esportivos, trata-se de desenvolver pessoas. Portanto, se você desenvolve o seu pessoal, seu empreendimento terá mais sucesso. É apenas uma questão de criar um ambiente em que esse processo se torne um acontecimento diário".

Diário? Em organizações ao redor do mundo, líderes se pronunciam vigorosamente por meio de mensagens inspiradoras em prol de mudanças. Todos lhes dão parabéns por terem apresentado tão bem suas ideias, admiram os *slogans* que criaram, enfiam o *brand book*[2] na pasta

---

2. Em tradução livre, o "livro da marca": um manual de padronização, descrição da missão, essência, cultura e valores da empresa o qual visa alinhar a imagem que a marca deseja transmitir ao mercado. [N. E.]

e, em seguida, voltam para o trabalho sem fazer nenhuma mudança.

Pode ser também que os líderes desenvolvam e distribuam fervorosamente planos de ação calibrados em seus mais refinados detalhes, sem ter a verdadeira compreensão da visão, do propósito e dos princípios por trás disso.

É assim que Will Hogg descreve o que chama de paradoxo da "visão em ação". Hogg dirige a Kinetic, uma consultoria sediada em Genebra. Sua empresa atua junto a líderes de grandes organizações com o propósito de fornecer mudança de cultura e posicionamento. Hogg gosta especialmente do provérbio japonês:

Visão sem ação é um sonho. Ação sem visão é um pesadelo.

Ele explica: "O paradoxo é que, embora toda organização pense que seus problemas sejam únicos, muitas questões envolvendo mudança giram em torno de uma coisa só: a habilidade ou inabilidade para converter uma visão em ação. Às vezes, isso se deve à própria falta de visão, porém é mais frequente ser pela inabilidade de traduzir a visão em ações simples, diárias, comuns".

Ações como a de líderes altamente qualificados varrendo o chão.

"O talento era irrelevante", afirma Wayne Smith. Ele não está se referindo aos All Blacks, mas ao Chiefs, time para o qual se transferiu depois, porém os princípios são os mesmos. "Escolhemos cuidadosamente os jogadores. Usamos matrizes para endossar a intuição porque existem certas estatísticas no rugby que determinam o caráter do jogador e era isso que buscávamos. Por isso, escolhemos altos índices de produtividade, atletas de constituição robusta, homens que não eram egoístas e tinham a mentalidade do sacrifício."

Escolhas em função do caráter.

Éthos é o termo grego para "caráter". Tem a mesma origem da palavra "ética" e é usado para descrever as opiniões, os princípios, os valores, os códigos e a cultura de uma organização. *Éthos* é "como fazemos as coisas por aqui", o conjunto de regras não escritas (e às vezes escritas), o eixo moral de determinado grupo de pessoas. É o local onde vivemos, nossa certeza e retidão, nossa base.

> **Nossos valores decidem nosso caráter.**
> **Nosso caráter decide nosso valor.**

Os valores são o alicerce de nossas opiniões. Qualquer organização duradoura – de Igrejas a Estados, empresas e causas – tem em seu âmago um conjunto fundamental de princípios: fé, esperança e caridade; *liberté, égalité, fraternité* (liberdade, igualdade, fraternidade).

Uma cultura estruturada sobre valores, inspirada por um propósito, é o núcleo fundamental da abordagem dos

All Blacks e da manutenção de seu sucesso. No entanto, como todo líder empresarial bem sabe, palavras que expressam valores, como integridade, sacrifício, determinação, imaginação, inovação, colaboração, persistência, responsabilidade etc., parecem poderosas no plano abstrato, mas podem ser insossas e genéricas quando lidas. O desafio é trazê-las à vida e introduzi-las no mundo daqueles que você lidera. Como veremos mais adiante, os All Blacks são um estudo de caso de alta qualidade sobre como fazer precisamente isso. Sua equipe de administradores é mestre em transformar uma visão em ações cotidianas, de levar propósitos à prática.

Na realidade, em resposta à pergunta "Qual é o diferencial competitivo dos All Blacks?", o elemento-chave está na habilidade de gerenciar sua cultura e a narrativa central vinculando o que cada um dos jogadores significa a um propósito mais elevado. É a identidade do time que importa, não tanto o que os All Blacks fazem, mas quem são, o que representam, por que existem.

Afinal de contas, o diferencial competitivo dos All Blacks não resulta do número de jogadores. A Inglaterra tem mais jogadores de rugby do que todo o resto do mundo junto. Além disso, apesar dos equívocos divulgados pela imprensa popular do Reino Unido, não tem a ver com raça: o primeiro polinésio a jogar pelos All Blacks – Bryan Williams – só começou a atuar nos anos 1970, e os All Blacks já vinham dominando o rugby mundial durante a maior parte do século 20. A diversidade ajuda, sim, mas não explica tudo.

> **Qual é a minha missão neste planeta? O que precisa ser feito, e sobre o qual sei alguma coisa, que provavelmente não acontecerá a menos que eu assuma essa responsabilidade?**
> BUCKMINSTER FULLER

Não é somente a infraestrutura – a "escada do rugby" –, embora seja essa estrutura técnica, combinada com o implacável desejo de "ser um All Black", que certamente ajuda a instigar os talentos desde as categorias de base até os píncaros da imortalidade esportiva.

O memorável sucesso dos All Blacks começa com uma cultura muito particular fora do campo, e é essa cultura – a cola que mantém tudo junto – que tem sido o extraordinário diferencial competitivo do time há mais de um século.

Tornar-se um All Black significa tornar-se servidor e mantenedor de um legado cultural. O papel desse jogador é *deixar a camiseta em melhor situação do que quando a recebeu*. A humildade, a expectativa e a responsabilidade trazidas por essa missão elevam o padrão de jogo do time. Fazem dele o melhor do mundo.

O que isso quer dizer para líderes de outros campos é o conteúdo deste livro.

A revitalização da cultura dos All Blacks entre 2004 e 2011 começou com uma indagação fundamental: qual é o significado de ser um All Black? O que significa ser neozelandês? Essas questões, além de um ininterrupto processo de interrogações, foram decisivas para o restabelecimento de uma cultura movida por valores e um propósito.

Essa técnica administrativa – que começa com perguntas – é o "método socrático", assim chamado porque Sócrates usava certo tipo de questão para distanciar seus pupilos dos próprios preconceitos. Com que objetivo? A fim de ajudá-los a alcançar o autoconhecimento, ainda que a verdade acabasse se revelando desconfortável. Trata-se de uma técnica-chave para a liderança dos All Blacks, expressa também num provérbio maori:

> *Waiho kia pātai ana, he kaha ui te kaha.*
> Que prossiga o questionamento; a habilidade da pessoa está em fazer perguntas.

Em vez de apenas dar instruções, os técnicos começaram a fazer perguntas, primeiro a si mesmos – "Como podemos melhorar?" – e depois aos jogadores – "O que vocês acham?". Essa cultura da interrogação, em que os indivíduos fazem suas próprias avaliações e estabelecem seus próprios parâmetros interiores, tornou-se cada vez mais importante. As perguntas que os líderes fizeram a si mesmos e ao time foram o começo de uma revolução no rugby.

> **A cultura de fazer e repetir perguntas fundamentais elimina opiniões que não ajudam em nada para que se chegue à clareza na execução. A humildade nos permite formular uma simples questão: como podemos fazer isto melhor?**

A palavra mais importante é "eliminar". A fim de obter clareza, a cultura de interrogação dos All Blacks elimina opiniões que não ajudam em nada.

Esse é um estilo facilitado de liderança interpessoal num ambiente de aprendizagem voltado para a solução adaptativa de problemas e para melhorias contínuas, em que a humildade – não ter todas as respostas – promove a força.

"Você pode guiar", comenta Wayne Smith, "mas acredito firmemente em não dar muitas instruções. Se você acredita nessa atitude, então tem de fazer perguntas. Tentamos receber respostas descritivas para desenvolver a autoconsciência."

O que poderia acontecer se...?
O que você faria nesta situação?
Como você poderia...?
Que tal...?

Caráter   39

Essa linha de indagações aplica-se tanto ao mundo dos negócios como ao rugby. Ninguém detém todas as respostas, mas fazer perguntas desafia o *status quo*, ajuda a se conectar com valores e opiniões nucleares e serve de catalisador para a evolução individual.

Afinal de contas, quanto melhores forem as perguntas que fizermos, melhores serão as respostas que nos darão.

Não resta dúvida de que os All Blacks são um ambiente excepcional. Seu *status* de elite, a avaliação constante e os recursos à disposição do time permitem-lhe se destacar, por exemplo, de uma equipe de vendas em Wolverhampton ou de uma empresa de *marketing* de Duluth. As pressões, as recompensas e as medidas a serem tomadas são todas muito diferentes, no entanto é possível extrair algumas lições proveitosas desse time, que é o mais bem-sucedido do mundo, baseado na simples humanidade compartilhada e na aplicação do bom senso. Assim, embora um estudo do que faz os All Blacks funcionar não forneça todas as respostas, sem dúvida nos permite começar a lidar com algumas das mais importantes questões de liderança.

As peças de entalhe maori com as quais os turistas logo se familiarizam na Nova Zelândia são chamadas *whakairo*. Representam os *tīpuna* tribais, os ancestrais, e foram esculpidas para comemorar seus feitos memoráveis.

São verdadeiras narrativas de amor, morte e grande bravura. Embora componham toda uma galeria de heróis, não existe vaidade nessas representações; são deliberadamente grotescas, com línguas penduradas para fora e feições distorcidas.

A humildade é um elemento profundamente arraigado à cultura maori, assim como à cultura polinésia em geral. Inclusive, a palavra "maori" implica o conceito de "normal" ou "natural" para distinguir as pessoas da terra dos deuses do céu. Dar-se ares de importante é algo profundamente reprovado nessa cultura e mais amplamente em toda a sociedade neozelandesa.

Deveriam ser nossos atos a permanecer na esteira de nossa passagem, como nos lembram as *whakairo*, não nossa vaidade. A humildade é entendida como um elemento vital do caráter bem equilibrado, essencial ao *mana*, termo com o qual os maori e os polinésios capturam diversas qualidades: autoridade, *status*, poder pessoal, presença, carisma e, de acordo com o *The New Zealand Dictionary*, "grande prestígio pessoal e caráter".

> **Humildade não significa fraqueza, mas o oposto. Os líderes com *mana* entendem a força da humildade. Ela favorece a ligação com seus valores mais profundos e com o mundo em geral.**

Para os maori, e para os All Blacks, *mana* talvez seja o elogio mais elevado, o objetivo espiritual intrínseco à existência humana. Os linguistas já reconheceram a relação entre essa palavra e as "poderosas forças da natureza, como o trovão e os ventos de tempestade, concebidas como manifestação de agentes sobrenaturais invisíveis" (*Coddington*). Outros estudiosos têm afirmado que é a força vital universal que constitui a própria origem de nossas concepções de Deus. Sem dúvida, *mana* descreve uma pessoa de rara qualidade, um líder natural dotado de força, liderança, grande poder pessoal, gentileza e humildade.

Quando lhe perguntaram sobre Chris Ashton, ponta do time inglês, e seu hábito de imitar o mergulho de um cisne na hora do try, o ex-capitão e hooker dos All Blacks Anton Oliver respondeu: "A gente era capaz de morrer".

Para os líderes de todos os tipos, retomar a ligação com nossos valores – com nossas reações mais verdadeiras e profundas – é um elemento essencial na construção do caráter, que é a essência da liderança. E tudo começa com a humildade. Santo Agostinho foi quem melhor se expressou sobre isso: "Primeiro assente os alicerces da humildade... Quanto mais alta for sua estrutura, mais profundos devem ser seus alicerces".

Assim, enquanto esses superastros do esporte limpam e organizam seu vestiário, cuidando das próprias coisas de modo que ninguém mais tenha de fazer isso, poderíamos nos perguntar se a excelência – a verdadeira excelência

– não começa com a humildade, com a humilde disponibilidade de "varrer o vestiário".

Afinal de contas, o que mais é um legado senão aquilo que você deixa para trás depois de ter partido?

Varrer o vestiário

Para os grandes técnicos do passado, como John Wooden e Vince Lombardi, a humildade é o centro de seus ensinamentos. Os All Blacks dão a mesma ênfase a seus valores nucleares e fundamentais, chegando ao ponto de escolher jogadores mais pelo caráter do que pelo talento. Os jogadores são ensinados a jamais ficar grandes demais para fazer as pequenas coisas que precisam ser feitas. "Resultados excepcionais exigem circunstâncias excepcionais", ensina Wayne Smith. Essas condições ajudam a moldar a cultura e, portanto, o *éthos* – o caráter – do time. A humildade começa na comunicação interpessoal, favorecendo um ambiente de aprendizagem altamente facilitada em que ninguém tem todas as respostas. Cada indivíduo é convidado a contribuir com soluções para os desafios que vão surgindo. Esse é um elemento crítico da construção de um diferencial competitivo sustentável baseado na coesão cultural, que gera inovação, aumento do autoconhecimento e evolução do caráter. E leva ao *mana*.

Kāore te kūmara e whāki ana tana reka.

A *kūmara* (batata-doce)
não precisa dizer que é doce.

II

Adaptação

Māui – o descobridor do segredo do fogo – estava um dia
caçando aves em companhia de seus irmãos.
Mas, como as lanças que usavam não eram pontiagudas,
as presas escapavam.
Sua mãe disse-lhe que usasse gravetos
para fazer as pontas da lança, e ele fez isso.
Naquela noite, banquetearam-se
com carne de kererū *(pombo).*

FOCO NO QUE FALTA
Quando estiver no auge do seu jogo,
mude o jogo.

Em algum lugar sobre o oceano Índico, num longo e triste voo entre a África do Sul e a Nova Zelândia, o novo técnico assistente dos All Blacks, Wayne Smith, virou-se para Darren Shand, gerente do time, e disse: "Nosso time é disfuncional; se não derem jeito nisso, eu não volto".

Os All Blacks tinham acabado de perder para o time da África do Sul por 40-26, terminando em último lugar no torneio anual das Três Nações. Para um time habituado a ganhar, e com um índice de vitórias "matador", aquilo era um desastre. Mas, como narra Bob Howitt no livro *Graham Henry: Final Word*, o pior ainda estava por vir, naquela noite, no hotel do time.

Uma brincadeira chamada "Sessão no Tribunal", na qual é encenado um julgamento e os culpados são obrigados a beber, terminara com vários participantes em estado de total embriaguez. Alguns chegaram a ponto de ficar preocupados com a possibilidade de morrer. Mais tarde, disseram que alguns jogadores do Springbok – seleção sul-africana de rugby – hospedados no mesmo hotel, e que voltavam de um jantar em comemoração à vitória sobre os neozelandeses, foram obrigados a remover diversos jogadores dos All Blacks de corredores, moitas e sarjetas para deixá-los em algum lugar onde pudessem se recuperar em segurança.

Alguma coisa tinha de mudar.

"Do jeito que estávamos indo não conseguiríamos corresponder à expectativa na esfera profissional", declarou Gilbert Enoka, o alto e atraente técnico responsável pelo equilíbrio psicológico do time. "Você não pode se dedicar a semana inteira e depois ficar do sábado à noite até a segunda-feira enchendo a cara e se afundando."

Graham Henry, o técnico principal, só recentemente tinha sido empossado no mais alto cargo do mundo esportivo na Nova Zelândia. Após a derrocada, Smith enviou-lhe discretamente um bilhete insistindo para "darmos um jeito nisso".

Esse foi o início de um longo, árduo e, muitas vezes, doloroso processo que os levou à gloriosa vitória na Copa do Mundo de Rugby de 2011. O que aqueles homens – Henry, Smith, Hansen, Enoka, Shand, juntamente com os jogadores – alcançaram é um estudo de caso de mudança e transformação cultural, e as lições que contém podem ser aplicadas muito além dos campos de rugby.

Will Hogg acredita que uma mudança organizacional eficaz exige quatro etapas. Na opinião desse consultor em gerenciamento, a ausência de qualquer um desses quatro fatores irá inibir a mudança de cultura e frequentemente a tornará impossível.

Os quatro estágios da mudança organizacional:
- Uma proposta de mudança.
- A imagem de um futuro atraente.
- Capacidade consistente para mudar.
- Um plano factível para executar.

A **proposta de mudança** para os All Blacks estava clara. O desempenho estava abaixo do aceitável, dentro e fora do campo. "Eu não estava lá", lembra Anton Oliver, antigo capitão dos All Blacks, "mas começou com Tana

[Umaga, então capitão] dizendo: 'Realmente, eu não quero jogar, tenho medo de jogar. Não estou curtindo isso'. Todo mundo tinha se trancado dentro de seus mundinhos, todos sentindo a mesma coisa". Nas palavras de Gilbert Enoka, eles tinham perdido a noção de "ser do time". Havia uma forte necessidade de mudar.

O time precisava da **imagem de um futuro atraente**. No próximo capítulo, vamos falar de propósito e significado pessoal, e de como uma reunião de três dias para lidar com a crise estabeleceu os parâmetros que levariam à vitória na Copa do Mundo de Rugby de 2011. Primeiro, no entanto, era preciso que houvesse uma clara estratégia de mudança. Esse plano foi apresentado por Graham Henry (como reportado em *Final Word* e repetido por ele em várias entrevistas), que falou de "um ambiente [...] que estimule os jogadores a querer fazer parte dele". Henry percebeu que o mundo estava mudando e que os All Blacks, como qualquer outro negócio – "e é um negócio" –, estavam competindo no mercado pelos melhores recursos humanos. Ele deduziu que um trabalho focado no desenvolvimento pessoal e na liderança poderia gerar capacidade, habilidade e lealdade.

Em terceiro lugar, o time precisava de uma **capacidade consistente para mudar**. Isso significava eliminar jogadores considerados obstáculos à mudança e, o que era ainda mais importante, significava construir as habilidades daqueles que permanecessem ou viessem a integrar a equipe. Para tanto, era preciso aplicar um modelo de "duplo gerenciamento" por meio do qual a responsabilidade fosse "transferida" para os jogadores de tal modo que, como dizia Henry, eles "investissem mais no jogo".

> **A organização vitoriosa é um ambiente propício ao desenvolvimento tanto pessoal como profissional, no qual cada indivíduo assume sua responsabilidade e se sente dono, junto com os demais.**

O modelo também envolvia algo em que Henry, o educador, era excelente: a criação de um ambiente de aprendizagem que servisse de base para o contínuo desenvolvimento pessoal e profissional. A formação de um Grupo de Líderes e de Unidades Operacionais Individuais, por meio das quais os jogadores assumiam responsabilidades cada vez maiores pelos protocolos, princípios e cultura do time, concretizou a estrutura dessa estratégia. O capitão Richie McCaw considera que essa foi a inovação mais importante do reinado de Henry.

Líderes criam líderes.

O quarto aspecto exigia um **plano factível para executar**, e nisso a liderança, com sua inédita estrutura compartilhada, atingiu a excelência. Sob a batuta de Henry, os homens foram capazes de desenvolver e pôr em prática um plano autoajustável, à base de autorreflexões, que promoveu a evolução da capacidade técnica, tática, física, logística e psicológica do coletivo.

Esse plano se manteve em ação durante vários anos, temporadas, séries, semanas, dias, até mesmo nos segundos contados no cronômetro do jogo, enquanto o tempo se aproximava do apito final. Esse foi um plano executado em público, durante as partidas, mas calibrado nos bastidores, levando ao mais vitorioso período dos All Blacks em toda a história do rugby.

E a uma pequena taça dourada.

Não deveríamos nos surpreender com o fato de a cultura dos All Blacks ter começado a apodrecer por dentro. A menos que haja uma intervenção, é o que acontece com todas as culturas organizacionais. As Sessões no Tribunal, a ressaca dos tempos do amadorismo e o subproduto da cultura neozelandesa de beber até cair eram somente os sintomas de um processo mais amplo e inevitável, descrito de forma gráfica pela curva sigmoide.

Embora seja tentador enxergar a vida, os negócios, a sociedade e o sucesso como uma progressão linear de refinamento e crescimento constantes e intermináveis, a verdade é de fato inversa. Tal qual a maioria das coisas na natureza, as culturas estão sujeitas a um processo *cíclico*, com fluxos e refluxos, crescimentos e declínios. Segundo Charles Handy (no livro *The Empty Raincoat*), esse ciclo tem três etapas: aprendizagem, crescimento e declínio.

Na fase de **aprendizagem**, em geral passamos por quedas reais de desempenho enquanto vamos tateando para descobrir como avançar em meio ao desconhecido. Pense em Tiger Woods tornando a aprender a dar suas tacadas, ou aquele período de renovação na empresa quando o novo CEO busca conhecer os detalhes dos problemas da organização.

Depois, quando as reviravoltas da aprendizagem se assentam e o ímpeto produtivo se intensifica, o crescimento se acelera. Essa é a fase de **crescimento**. Conquistam-se recompensas, elogios e lisonjas. Em pouco tempo, estamos no auge, no topo do mundo. Somos invencíveis e nosso sucesso está garantido. É quando começa a queda.

A fase de **declínio** surge como se fossem os primeiros sinais de artrite numa pessoa de meia-idade. Começa como um incômodo, mas depois se torna algo doloroso. Daí a pouco estamos diante das faces deterioradas de um velho no espelho, a se perguntar o que foi feito de seus anos dourados.

A chave está em mudar o jogo no momento em que estamos no auge. Sair de relacionamentos, recrutar novos talentos, alterar táticas, reavaliar estratégias. Trata-se de fazer o que Handy descreve como "saltos sigmoides": uma série de saltos sucessivos ao longo da curva sigmoide para subverter o que é inevitável.

Essa é uma das responsabilidades básicas do líder, cuja perícia será justamente ajustar o momento para dar esses saltos, sabendo quando eliminar seu principal jogador, quando introduzir novos talentos, quando mudar radicalmente o plano de jogo. A *Encyclopedia of Leadership* pergunta:

> Que passos você deve pensar em dar a fim de se preparar para a segunda curva sem perder de vista prematuramente seu atual sucesso (na primeira curva)?

Eis a quintessência do *kaizen*, o conceito japonês de melhoria contínua. Segundo as palavras de Bunji Tozawa, em documento oficial, "a ideia é cultivar os recursos humanos da companhia". Originalmente, *kaizen* era menos motivador de produtividade e mais um "criador de cultura", um meio de fazer o empresariado japonês se envolver e inspirar sua força de trabalho. Como diria Graham Henry em tom estratégico, trata-se de "estimular os jogadores e fazê-los querer participar".

> **O declínio da organização é inevitável a menos que os líderes se preparem para a mudança, mesmo que estejam no auge do sucesso.**

Os militares têm um acrônimo: VUCA, que significa volátil [*volatile*], incerto [*uncertain*], complexo [*complex*] e ambíguo [*ambiguous*]. VUCA refere-se a um mundo propenso a mudanças repentinas, consequências desconhecidas e inter-relacionamentos complexos e instáveis. Este é um mundo difícil de decifrar e impossível de prever. Para o complexo militar-industrial, VUCA quer dizer guerras assimétricas, instabilidade geopolítica e lealdades não confiáveis. Para o ambiente de negócios, significa colapsos estruturais, crises de crédito, danos à reputação. Para um indivíduo, representa insegurança na carreira, preços em alta, falta de liquidez no mercado imobiliário e um futuro incerto. Para os líderes, inclui lidar com decisões tomadas à base de informações incompletas, precariedade de recursos e toda uma gama de vicissitudes da natureza humana.

Em seu artigo fundamental "Destruction and Creation", o estrategista militar John R. Boyd descreveu uma teoria de aplicabilidade direta a ambientes em mudança acelerada: "Para preservar uma avaliação precisa ou eficaz da realidade, devemos nos submeter a um ciclo contínuo de interações com o ambiente a fim de avaliar suas constantes mudanças". E se pergunta: "Como é que criamos os conceitos mentais que são a base da atividade de tomada de decisão?".

Sua resposta foi o Ciclo de Decisão, ou Ciclo OODA (Observar, Orientar, Decidir, Agir). Esse é um paradigma de rápida aplicação, muito útil para a tomada diária de decisões.

Observar

Coletam-se dados por meio dos sentidos: dados visuais, auditivos, táteis, olfativos, gustativos, além de métricas mais modernas. Como um animal farejando o ar, obtemos dados crus para formatar uma resposta.

Orientar

Aqui entram a análise e a síntese de todos os dados disponíveis para compor um único "mapa do terreno", uma teoria de nossas opções a ser posta em prática.

Decidir

Este é o momento da escolha em que determinamos o melhor curso de ação. Eliminamos o que não se enquadra tomando uma decisão.

Agir

Executamos. Agimos com rapidez e de modo decidido a fim de aproveitar o momento. Depois retornamos ao princípio e observamos o efeito de nossa ação. Assim prossegue o ciclo.

> Não são as espécies mais fortes que sobrevivem,
> nem as mais inteligentes,
> mas as que melhor respondem a mudanças.
> CHARLES DARWIN

A análise dos combates aéreos sobre a Coreia do Norte efetuada por Boyd mostrou que os pilotos que primeiro acionavam o Ciclo OODA eram os que sobreviviam. Boyd diz que, para prevalecer num conflito, "precisamos ser capazes de formular uma concepção mental da realidade observada, tal como a percebemos, e mudar esses conceitos conforme a própria realidade começa a mudar".

A teoria de Boyd é notavelmente similar à de Alexander Vasilyevich Suvorov, general russo nascido em 1719 que escreveu um manual militar intitulado *The Science of Victory*, no qual expõe alguns princípios:

Hystrota	jogar uma partida de ritmo acelerado
Glazometer	tomar decisões rápidas que desorientem o adversário
Natisk	agir agressivamente para ganhar vantagem competitiva

Ou seja, movimente-se rapidamente para assumir uma posição de comando, avalie clara e prontamente as opções que se abrem à sua frente, ataque com um comprometimento absoluto e implacável. Avalie, ajuste e repita.

Ou como diriam os jogadores dos All Blacks:

Foco no que falta.

Para Boyd, Suvorov e os All Blacks, a adaptação não é uma reação, mas uma série sistemática de ações. Não é apenas reagir ao que está acontecendo no momento, é ser o agente da mudança. Isso se obtém por meio de um circuito de *feedbacks* estruturados, construindo um processo de adaptação que seja a própria maneira de liderar.

Como isso funciona na prática? Kevin Roberts, CEO da Saatchi & Saatchi, fala de planos de cem dias:

Começar é algo enganosamente simples. Primeiro, relacione dez coisas que você precisa alcançar nos próximos cem dias. Comece cada dia com um verbo de ação e não use mais de três palavras por vez. Cuide para que cada ação seja mensurável e que cada uma seja algo que valha a pena. Você saberá quando uma coisa vale a pena ou quando está apenas montando uma lista com itens para marcar "feito". Reveja essa lista toda sexta-feira pela manhã. Quando os cem dias estiverem acabando, o objetivo é que todos os itens tenham sido "feitos". Agora, você só precisa de uma folha em branco e pôr mãos à obra.

Roberts diz que, antes, 50% do seu tempo era gasto em avaliações e 20% era dedicado à execução, enquanto atualmente todas as informações são instantâneas. Portanto, 70% de seu tempo – e do tempo dos demais líderes da empresa – agora é gasto na execução.

Fã declarado dos All Blacks, Roberts – nascido na Grã-Bretanha, mas vivendo na Nova Zelândia, que considera seu lar – foi essencial, no papel de dirigente da Saatchi & Saatchi, para o desenvolvimento da marca dos All Blacks. Quando lhe perguntei o que tinha aprendido com o time e como ele o havia inspirado, ele respondeu: "É uma questão de focar no que falta".

É uma questão de se adaptar prontamente à mudança, criando uma cultura adaptativa.

Em 2004, os All Blacks estavam à beira do precipício.

Diante dos resultados desanimadores, com os principais jogadores ameaçando sair e uma cultura disfuncional endêmica, a coordenação do time teve de agir rapidamente. Em seu relatório para o Sindicato do Rugby da Nova Zelândia, no final do ano (como relatou Bob Howitt em *Final Word*), Graham Henry identificou as áreas principais de atenção:

- Suficiente liderança, conhecimento e confiança para executar o plano de jogo.
- Transferência da liderança e, portanto, da responsabilidade dos técnicos para os jogadores.
- Desenvolvimento da capacidade de liderar e do comedimento.
- Necessidade de o grupo entender sua identidade: quem é, o que representa e suas responsabilidades coletivas e individuais como All Blacks.

Nos próximos capítulos apresentaremos as ações realizadas pela liderança para colocar em prática essa visão, juntamente com as quinze lições que podemos aprender e aplicar aos nossos campos de atuação.

Para que também possamos focar no que falta.

> ## Focar no que falta
>
> O embalo muda mais depressa do que podemos pensar. Num momento estamos no topo do mundo e, no seguinte, caímos e escorregamos ladeira abaixo. O papel do líder consiste em saber quando se reinventar e como fazer isso. A curva sigmoide significa que, quando estamos no auge do jogo, é hora de mudar a estratégia. A chave está em não perder o embalo. Como os militares descobriram, a melhor forma de ataque é um circuito contínuo de *feedbacks* e, como sabemos pelo *kaizen*, esse processo flui melhor quando o grupo todo está envolvido. Os times que irão prosperar neste mundo VUCA são aqueles que agem rápida e decisivamente para aproveitar a vantagem competitiva, ajustando-se e reajustando-se ao longo do caminho. Ou você se adapta ou perde. Um diferencial competitivo sustentável é alcançado com o desenvolvimento de uma cultura de autoajustamentos. Adaptação não é reação, mas ações contínuas; portanto, planeje para reagir.

I orea te tuatara, ka puta ki waho.

Quando é cutucado com uma vareta,
o tuatara[1] surge.
(O problema é resolvido
porque se insiste em achar uma solução.)

---

1. O tuatara, com seus 60 cm, é o único representante de répteis da ordem *Sphenodontida* e família *Sphenodontidae*. É natural da Nova Zelândia e vive apenas em algumas ilhas desse país. Está extinto nas duas ilhas principais. [N. T.]

Propósito

*He rangi tā Matawhāiti,
he rangi tā Matawhānui.*
A pessoa de visão estreita enxerga um
horizonte estreito, a pessoa de visão ampla
enxerga um horizonte amplo.

JOGUE COM UM PROPÓSITO
Pergunte "por quê?".

Sede do Sindicato do Rugby da Nova Zelândia, Wellington, 2004

Logo após o longo e doloroso voo de volta da África do Sul, oito homens se reuniram numa pequena sala da sede do SRNZ para "dar um jeito na coisa".

Ali estavam Henry, seus assistentes Smith e Hansen, Enoka (o técnico de questões psicológicas), Darren Shand (gerente do time), Brian Lochore (antigo capitão, treinador e gerente do time), o capitão dos All Blacks, Tana

Umaga, e o então vice-capitão, Richie McCaw. Essa reunião durou três dias.

Graham Henry descreve esta como a conversa mais importante de toda a sua carreira nos All Blacks. Ela resultaria numa reformulação completa da mais bem-sucedida cultura esportiva na história da humanidade.

A constatação crucial foi de Brian Lochore, o veterano dos All Blacks. Ao refletir sobre o objetivo estratégico – criar "um ambiente [...] que estimule os jogadores e os faça querer ser parte dele" –, ele enunciou as seis palavras que iriam definir os esforços da equipe nos oito anos seguintes:

Pessoas melhores dão melhores All Blacks.

Quer dizer, ao desenvolver individualmente os jogadores e fornecer-lhes os recursos, as habilidades e o caráter necessários para uma conduta construtiva fora do campo, estariam também, pelo menos na teoria, desenvolvendo seus recursos, habilidades e caráter para uma conduta mais eficiente dentro do gramado.

Essa política de um *kaizen kiwi*[1] priorizava o desenvolvimento dos jogadores tanto como seres humanos quanto como atletas profissionais, para que viessem a ter o caráter, o comedimento e as habilidades sociais necessárias para serem líderes, dentro e fora do campo.

---

1. "Melhoria contínua neozelandesa". Internacionalmente, os neozelandeses são conhecidos como *kiwi*, em referência à ave nativa de mesmo nome. [N. E.]

O desafio era fazer isso funcionar na prática. "Não tínhamos um modelo", lembra Graham Henry. "E não era uma coisa que se pudesse simplesmente pesquisar na internet."

O modo como colocaram essa política na prática – e transformaram sua visão em ação – oferece lições inestimáveis, capazes de contribuir com um diferencial competitivo sustentável, para líderes em busca de mudanças efetivas de cultura empresarial.

Em vários sentidos, essa história começa em 1997, na bela cidade de Christchurch, localizada na borda da planície de Canterbury, numa zona propensa a terremotos. Essa cidade-catedral é o berço do rugby neozelandês e o coração dessa equipe dos All Blacks em particular. A maioria dos homens presentes àquela reunião de três dias em Wellington, em 2004, tinha uma forte ligação com o time Canterbury Crusaders, entre eles Henry, Smith e McCaw, atual capitão do Crusaders.

> **Pessoas melhores dão melhores líderes.**

Nos idos de 1997, logo no início da profissionalização do esporte, o Crusaders estava apenas começando e não vivia um bom momento. Como diz Wayne Smith, o problema era que "não existia uma cultura".

O novo time profissional ainda tinha de conquistar o coração daquelas pessoas. Por ser composto por jogadores de todas as regiões do país, diluía as possíveis alianças locais e ainda passava por uma crise de identidade.

Segundo Smith, "todos compramos a ideia de tentar criar nossa própria cultura e, para isso, começamos a contar histórias. Tínhamos de apresentar conteúdo que nos inspirasse e inspirasse os jogadores. Eu realmente queria que fosse uma campanha movida por uma visão e baseada em valores".

Acrescenta: "Se você vai definir objetivos, [os jogadores] devem definir objetivos. Se você vai agir com base em uma visão e em valores, esses elementos precisam ser uma parte importante dessa definição".

Continua: "Seja porque é uma família, um legado, por respeitar o peso da camisa. Seja pelo que for, você tem de identificar o que é [que dá um propósito aos jogadores] para poder continuar motivado. Tem a ver com propósito e significado pessoal [...]. Estes são os dois elementos principais".

Gilbert Enoka resume: "Quanto mais você tiver pelo que jogar, melhor você joga".

Para tornar essa visão algo com que os jogadores conseguissem se identificar, era preciso lançar um tema. E o primeiro saiu da peça *Henrique V*, de Shakespeare: "Pois aquele que hoje derrama seu sangue comigo será meu irmão".

"Queríamos definir o perfil do jogador do Crusaders, queríamos definir o que o fazia vibrar", lembra Smith. "Foram umas duas semanas para garantir que todos tivessem assimilado o que tínhamos proposto, o que os jogadores tinham proposto".

O Crusaders tinha perdido a primeira temporada do Super Rugby.[2] Depois da intervenção de Smith e Enoka, em 1997, o time venceu a competição em 1998, assim como seis outras vezes no decorrer da década seguinte. É a equipe de maior sucesso na história do Super Rugby.

Repetindo o que disse Enoka, era o começo do "ser do time".

"A cola emocional de qualquer cultura – religião, nação ou time esportivo – é sua noção de identidade e propósito", afirma Owen Eastwood. Aquilo com que nos identificamos são as "coisas que reconhecemos como importantes para nós, para nossos valores mais profundos... esse tipo de significado tem o poder emocional de moldar condutas".

A ligação entre um significado pessoal e um propósito público é algo a que os All Blacks dão uma atenção quase obsessiva: "É uma questão do que você oferece hoje e de como irá honrar aquela camisa", descreve Enoka.

---

2. Campeonato profissional entre os clubes de rugby do hemisfério sul (Nova Zelândia, Austrália e África do Sul). Desde 2016, conta também com um time argentino e um japonês. [N. E.]

> **Os líderes associam o significado pessoal a um propósito mais elevado a fim de gerar uma crença e uma noção de direção.**

Significado pessoal é o modo como nos ligamos ao propósito mais amplo do time. Se nossos valores e crenças estiverem alinhados com os valores e as crenças da organização, iremos nos empenhar mais para que ela alcance o sucesso, caso contrário, nossa motivação individual e nosso propósito irão sofrer, assim como a organização.

Bons líderes entendem isso e dão duro para criar um sentimento de conexão, colaboração e comunhão. Nas palavras de Eastwood, "o propósito relaciona-se a um objetivo abrangente que vai além das tarefas práticas empreendidas no dia a dia. É esse propósito que instiga a motivação intrínseca do indivíduo, lhe dá um motivo para pertencer e uma razão para se sacrificar".

Naturalmente, o tema "identidade" é muito importante na cultura de uma organização, e consultorias de marca, agências de propaganda e especialistas em posicionamento de mercado disputam acirradamente a oportunidade de defini-lo e colocá-lo em prática. Nesse âmbito, estratégias de negócio, visão, valores e propósito unem-se a identidade corporativa, *design*, publicidade e comunicações a fim de concretizar poderosas mudanças de mentalidade e instalar novas condutas em times e organizações.

Um processo de dentro para fora.

Como explica Daniel Pink, colunista do *The New York Times*, em seu livro *Drive*, "por natureza, os seres humanos buscam um propósito, uma causa maior e mais duradoura do que eles mesmos". Os argumentos mais convincentes para sua teoria são os mais simples de se compreender:

"Deixamos um trabalho bem pago por outro, movidos por um propósito."

"Nós nos oferecemos como voluntários."

"Temos filhos!"

Pink afirma que, em toda parte, a "maximização do propósito" está acontecendo lado a lado com a maximização do lucro como uma aspiração e um princípio norteador no mundo dos negócios. A obra de Pink reflete o Efeito Hawthorne, que é a ideia de que a recompensa emocional é mais importante do que a compensação material. É a motivação intrínseca, mais do que a extrínseca, que governa o mundo.

Esse princípio está alinhado com a famosa teoria da Hierarquia das Necessidades, elaborada por Abraham Maslow. O autor defendia que, após as necessidades básicas de segurança, alimento, água, abrigo, calor e conforto terem sido garantidas, a pessoa não é mais motivada por interesses puramente extrínsecos e pode dirigir sua atenção para necessidades internas mais profundas. A primeira delas é pertencer e amar alguém, amar a família.

A partir daí, a vida diz respeito à questão da estima: respeito próprio, respeito vindo dos outros, reconhecimento do próprio talento, de suas capacidades e condutas.

Para Maslow, todos nós caminhamos rumo à definição de um sentimento de autorrealização, quer dizer, de um estado psicológico composto de presença, fluxo, autorrespeito, autoexpressão e autenticidade.

Esse conceito também está alinhado com o trabalho do psicoterapeuta Victor Frankl, que, no livro *Em busca de sentido*, cita uma pesquisa realizada pela Universidade Johns Hopkins:

> Quando lhes perguntaram o que consideravam "muito importante" agora, 16% assinalaram a opção "ganhar muito dinheiro"; 78% disseram que seu primeiro objetivo era "encontrar um sentido e um propósito para minha vida".

"O que o homem realmente necessita", Frankl afirma, "não é um estado isento de tensão, mas, sim, esforçar-se e lutar para conquistar um objetivo que valha a pena, uma missão escolhida livremente".

Em seu livro, ele ressalta que "o ser humano sempre aponta, e é direcionado, para algo ou alguém além de si mesmo. Quanto mais a pessoa se esquece de si, doando-se a uma causa ou a alguém a quem amar, mais humana e realizada ela é".

Ele conclui afirmando que "a autorrealização só é possível como efeito colateral da autotranscendência".

De "ir além de si mesmo".

De varrer o vestiário.

E tudo começa com a pergunta: "Por quê?".

De acordo com Walter Isaacson no livro *Steve Jobs*, o fundador da Apple disse à sua equipe certa vez: "O trabalho que cinquenta pessoas estão fazendo aqui irá repercutir por todo o universo". Em outra oportunidade, ressaltou: "O objetivo nunca foi vencer a competição ou ganhar muito dinheiro. Foi fazer a maior coisa que fosse possível, ou um pouco mais". Foram o propósito, a paixão e os produtos que tiveram importância e repercutiram, o lucro veio como consequência, em grandes ondas.

"Você nunca deve abrir uma empresa com o objetivo de ficar rico", disse a Jobs o "empregado número 3" da Apple, Mike Markkula. "Seu objetivo deve ser fazer algo em que acredite e construir uma companhia que dure."

Howard Schultz, CEO da Starbucks, também começou sua empresa com um propósito singular, que alguns até podem descrever como altruísta: criar uma companhia em que a cobertura de saúde dos funcionários fosse exemplar. Seu propósito – além de vender café – foi inspirado pela lembrança de seu pai, sempre lutando numa sucessão de empregos mal pagos, sem plano de saúde.

Para Schultz, esse foi um fator fundamental para o sucesso: "As pessoas querem fazer parte de algo maior do que elas mesmas. Querem participar de algo de que realmente sintam orgulho, algo pelo que lutem, se sacrifiquem, algo em que confiem".

A Saatchi & Saatchi quer "tornar o mundo um lugar melhor para todos". A Ford quis "democratizar o automóvel". A Disney abre "sorrisos no rosto das crianças". A Nike "torna o indivíduo poderoso". A P&G dedica-se a "uma busca incansável para ser a melhor", enquanto, para a Toyota, "sempre existe um jeito melhor".

O time de futebol Barcelona, por sua vez, é movido talvez pelo mais inspirador de todos os propósitos: eles jogam pela Catalunha, "jogam pela liberdade".

Em seu livro *Empresas feitas para vencer*, Jim Collins descreve esse processo como a "dimensão extra", a filosofia norteadora que consiste em valores fundamentais e um propósito central que vai além de apenas ganhar dinheiro. Ele acredita que, quando é autêntico e desperta a rigorosa adesão das pessoas, um propósito intenso e fascinante é o fator-chave da motivação de empresas que passam de boas para grandes.

O neurologista canadense Donald Calne ressalta: "A razão leva a conclusões, e a emoção leva à ação". Se você quer um desempenho de nível superior, comece com um propósito mais elevado. Comece perguntando "por quê?".

Além de Graham Henry (cujo apelido, não esqueçamos, é Ted), existe outra TED, a famosa série de palestras e apresentações de vídeos descrita como "Ideas Worth Sharing" [Ideias que merecem ser compartilhadas].

Um dos vídeos mais assistidos no *site* é uma apresentação de Simon Sinek, autor de *Por quê?*. Ele expressa aquilo que a maioria de nós sabe de maneira inata: "As pessoas não compram o que você faz, elas compram o porquê de você fazer". Ele explica que, devido ao sistema límbico – um centro nervoso situado no âmago das estruturas pré-verbais do cérebro humano –, o modo como nos sentimos a respeito de uma coisa é mais importante do que aquilo que pensamos sobre ela. Por isso, quando precisamos escolher, obedecemos a nossas sensações mais viscerais.

Sinek disse para uma plateia da Escola de Armas da Força Aérea dos Estados Unidos que "o que me interessa é o que faz as pessoas saírem da cama todo dia de manhã. Seja pagar o boleto do seguro, passar por algum inconveniente, fazer um sacrifício, porque estão motivadas por alguma outra coisa. E qual é essa coisa? O que aprendi é que se trata da pergunta 'por quê?'. Ela contém um imperativo biológico, nos mobiliza, nos inspira".

Sinek afirma que líderes e organizações inspiradas, seja qual for seu tamanho e ramo de atuação, pensam, agem e se comunicam "de dentro para fora". Afinal de contas, como menciona em sua palestra TED, Martin Luther King "falou de ter 'um sonho', não de ter 'um plano' [...]. Se você contrata pessoas que acreditam naquilo em que você acredita, elas irão trabalhar para você com sangue, suor e lágrimas".

> **Líderes, organizações e equipes inspiradas encontram seu mais profundo propósito – seu "por quê?" – e atraem seguidores por meio de valores, visão e crenças em comum.**

Nas palavras de Nietzsche: "Aquele que tem um *porquê* pelo qual viver poderá suportar praticamente qualquer *como*".

Esse é o centro da visão e da mentalidade baseada em valores.

Quando Owen Eastwood começou a trabalhar com o Proteas, o time sul-africano de críquete, a equipe mofava no quarto lugar da classificação mundial. Do ponto de vista psicológico, o time tinha "perdido o rumo". Implantando um processo colaborativo que envolveu jogadores, técnicos, gerência e até mesmo uma parcela do público, Eastwood ajudou o time a "redescobrir" um termo da língua bantu:[3] *ubuntu*. Hoje, essa palavra representa o conceito organizador central do time, sua razão de ser.

---

3. Bantu ou banto é um termo utilizado para se referir a um tronco linguístico, ou seja, é uma língua que deu origem a diversas outras línguas no centro e sul do continente africano. [N. E.]

Seu porquê.

Ubuntu é "a essência do ser humano", afirma o arcebispo da Igreja Anglicana Desmond Tutu. "*Ubuntu* se refere especialmente ao fato de a pessoa não poder existir como ser humano numa condição de isolamento. O termo faz alusão aos nossos inter-relacionamentos." Como disse Nelson Mandela em entrevista ao jornalista Tim Modesi, *ubuntu* não quer dizer que as pessoas não devam ter interesses próprios, "mas será que agirão a fim de ajudar a comunidade à sua volta a evoluir? Essas são as coisas importantes da vida".

Ubuntu significa que repercutimos na comunidade em geral, que nossos atos atingem todo mundo, não somente nós mesmos. O Proteas adota o princípio dessa repercussão e é consciente do efeito de sua inspiração sobre toda a África do Sul. E isso inspira e eleva seus jogadores.

Jogam em nome de algo maior do que eles mesmos.

Mesmo anos depois de Smith e Enoka terem saído do time, a visão do Crusaders ainda é expressa de maneira tangível em sua sala de estratégias. Em *The Real McCaw*, o autor Greg McGee descreve como uma daquelas paredes é dominada por um arco de poliestireno cinza com colunas coríntias, pedestais, espigões e pedras fundamentais. Parece a versão Walt Disney de um templo grego. Na base, nas pedras fundamentais, está escrita, no centro, a frase "O time primeiro", rodeada por outros valores do

Crusaders: "Lealdade", "Integridade", "Respeito", "Ética profissional" e "Alegria". Atravessando o pedestal central está uma palavra só: "Excelência" – o objetivo final.

Ligando a base ao cume, há uma série de colunas, cada uma com um título: "Nutrição", "Físico", "Técnica", "Prática", "Senso de equipe", "Mental". É sobre esses seis pilares que a excelência – e o sucesso – é construída.

McCaw comenta: "É interessante que, muitas vezes, quando o time não está indo bem, você dá uma olhada nessas pedras fundamentais e encontra a razão do problema em algum lugar ali".

É fácil adotar uma postura cínica, mas há poucas dúvidas de que essa filosofia funciona. Da mesma maneira como o Crusaders, sob o comando de Smith, chegou a dominar o Super Rugby, o Proteas teve sucesso por meio da descoberta de um propósito comum. Em 28 de agosto de 2012, com *ubuntu* como mantra, eles se tornaram os pioneiros a conquistar a primeira colocação nos três formatos do jogo.

Da mesma forma, os All Blacks de Graham Henry, após um início nada favorável, com o uso consistente da técnica de contar histórias, uma estratégia refinada de liderança, a criação de um ambiente de aprendizagem e o foco no jogo mental, completaram seu reinado com um memorável índice de 86% de vitórias e a taça de campeão no Mundial de Rugby de 2011.

Então, se o elemento-chave da estratégia motivacional era "pessoas melhores dão melhores All Blacks", qual é seu propósito fundamental? Qual é o "por quê?".

Oficialmente, de acordo com a literatura do SRNZ, é "unir e inspirar a Nova Zelândia". No entanto, a coisa vai mais fundo. "Temos sorte de contar com uma enorme história que serve de motivação para o time atual", diz Graham Henry. "É imensamente importante para os rapazes de hoje terem essa responsabilidade, porque a missão deles é contribuir para o legado."

Contribuir para o legado.

"Temos uma rica tradição de jogadores que tiveram esse comando", afirma Wayne Smith, "que promoveram a camisa e a passaram adiante em melhor situação do que quando a receberam". Como disse Ali Williams, ex-All Black, "você tem de deixar a camisa em melhor situação".

Sean Fitzpatrick, o lendário ex-capitão dos All Blacks, afirma: "Tudo que fiz foi tentar torná-lo um time melhor para entregá-lo à geração seguinte. A palavra implícita era 'vencer'. Temos de manter esse legado".

Eles têm de participar de um jogo maior.

De volta à salinha em Wellington, em 2004, os heróis desta história ainda estavam bem longe de deixar a camisa – e as estatísticas – em melhor situação.

Segundo Graham Henry, foi apenas quando os All Blacks enfrentaram a França, no final da turnê europeia daquele ano, em Paris, que os primeiros vislumbres de esperança começaram a despontar.

Naquele dia, os All Blacks marcaram cinco *tries* a zero, derrotando os franceses por 45-6. Pela primeira vez, essa formação dos All Blacks mostrou o que era capaz de alcançar, o que havia dentro de seus jogadores.

Ao voltar da Europa, como Bob Howitt registrou em *Final Word,* Henry escreveu em seu relatório para o SRNZ:

> O que contribuiu para o sucesso foi a implantação de um grupo de liderança [...]. Os jogadores conquistaram maior entendimento e respeito uns pelos outros à medida que se desenvolviam. Começaram a entender que tinham desafios parecidos com os dos jogadores internacionais de rugby, e que esses desafios eram mais bem enfrentados coletivamente em vez de individualmente. Isso gerou a união entre eles; eles se tornaram um só. E foram à "guerra" pelos companheiros de time.

"Meu exército venceu porque eles sabiam pelo que estavam lutando", disse Oliver Cromwell, "e amavam o motivo". Para uma tribo de guerreiros da Nova Zelândia, era o começo de "ser do time".

Jogar com propósito

Nosso impulso fundamental vem de dentro, de motivações intrínsecas mais do que extrínsecas. Os líderes que sabem aproveitar a força do propósito têm a habilidade de estimular o grupo, alinhando os comportamentos com os pilares estratégicos da empresa. Aplicando técnicas envolventes de contação de histórias que incluem temas, símbolos, imagens, rituais, mantras e metáforas, dando-lhes vida por meio da imaginação, com estilo, os líderes criam um sentimento de inclusão, conexão e união – uma mentalidade verdadeiramente colaborativa e coletiva. Tudo começa com a pergunta "por quê?". Por que estamos fazendo isto? Por que estou me sacrificando por esse projeto? Qual é o propósito maior? As respostas a essas perguntas têm a capacidade de transformar a sorte de um grupo ou de uma empresa, ativando os indivíduos, servindo de cola cultural, orientando condutas e criando um sentimento geral de propósito e vinculação pessoal. É o começo de ser do time.

Whā-ia e koe ki te iti kahurangi;
ki te tuohu koe, me he maunga teitei.

Busque o tesouro mais precioso para você;
se curvar a cabeça, que seja
para uma montanha muito alta.

Responsabilidade

Haere taka mua, taka muri; kaua e whai.
Seja um líder, não um seguidor.

PASSE A BOLA
Líderes criam líderes.

Hackney, Londres, 2002

Um morador dessa região estava tendo diversos problemas com pequenos crimes. Uma gangue arrombava seguidamente seu carro, um Saab 900 Turbo bem atraente. Toda vez que ele trocava a fechadura, o carro era arrombado. Um dia, ele resolveu que não iria mais trancar o carro. Então, a gangue começou a usá-lo como banheiro. Desesperado, o homem foi falar com a polícia. "O que vocês vão fazer a respeito?", quis saber. "Não temos recursos", foi a resposta do delegado. "O que *você* vai fazer a respeito?"

Nascia ali o Teenage Kicks.

Como um torneio de futebol com times de cinco jogadores, todos jovens em situação de risco, o propósito do Teenage Kicks era simples mas poderoso: transformar gangues em times.

Numa comunidade em que faltavam empregos e não havia opções para ocupar as horas ociosas, a ideia foi criar uma estrutura de significado, com noção de propósito, de pertencimento, de trabalho em equipe e, o que era mais importante, de responsabilidade pessoal, com base em um conceito chamado de "Passe a Bola", que visava "desenvolver a força e as habilidades de cada jovem ao lhe confiar a responsabilidade pelo sucesso do time".

Funcionava da seguinte maneira: os organizadores se incumbiam de arrumar o local, os juízes, o equipamento, os auxiliares e a tabela dos jogos; em seguida, entregavam a responsabilidade – passavam a bola – para os jovens em situação de risco da região.

Seu alvo eram os já integrantes das gangues e os jovens que poderiam, no futuro, vir a aderir a uma. Os primeiros a ser procurados foram os membros-alfa, com idades entre 19 e 25 anos, que exibiam uma capacidade natural para a liderança, com atributos como coragem, respeito e habilidade de envolver e motivar outros jovens.

Esses líderes naturais foram convidados a se tornar gerentes, um papel que chamava atenção numa comunidade dividida entre torcedores dos clubes de futebol Arsenal e Tottenham Hotspur. A primeira responsabilidade do gerente era achar um capitão para seu time e passar a bola para ele. E a primeira responsabilidade do capitão? Formar um time.

E a responsabilidade do time?

Comparecer pontualmente a todos os jogos. Se os jogadores se atrasassem, o time era desclassificado, não apenas daquele jogo, mas do torneio inteiro.

Desse modo, a responsabilidade era transmitida através de toda a cadeia e recaía sobre todos os envolvidos.

A expectativa era que por volta de doze times comparecessem à primeira noite do torneio. No horário combinado, 52 equipes prontas para jogar apareceram. No decorrer das quatro semanas seguintes, nenhuma foi desclassificada.

Dez anos depois, o Teenage Kicks continua firme e forte.

Passe a bola.

"Os gerentes sempre acharam que tinham de transferir a liderança dos membros da alta administração para os jogadores", diz Graham Henry. "Eles entram em campo para jogar e devem ser os incumbidos de liderar o time. O tradicional 'você e eles' se tornou 'nós'."

Foram formados grupos de liderança, por meio dos quais os jogadores mais antigos e importantes do time receberam um leque distinto de responsabilidades, desde liderança dentro de campo até organização social, atuação como mentores de jovens jogadores e comunicação com a comunidade. Os jogadores "instruem os mais jovens e lhes dizem quais são as expectativas", explica Henry. "É melhor quando vem dos companheiros."

> **Líderes criam líderes passando a responsabilidade adiante, criando um sentimento de propriedade [do time], confiabilidade e confiança.**

Sob o comando de Henry e com a ajuda de Enoka, o grupo começou o paciente processo de mudança de cultura. "Com essa responsabilidade e os privilégios vem o *mana*", diz Enoka, "por isso não é uma coisa opressora". Não aconteceu da noite para o dia e, como eles próprios admitem, não entenderam imediatamente do que se tratava, mas, aos poucos, a mudança de cultura começou a surtir efeito.

A estrutura da semana de trabalho é um claro exemplo desse modelo de gerenciamento do time: as reuniões de revisão no domingo à noite são mediadas pelos técnicos, embora informações significativas sejam prestadas pelos líderes em atuação no campo. Depois, durante a semana, vai acontecendo uma gradual transferência da responsabilidade e da tomada de decisões.

Na quinta-feira, as prioridades, os níveis de intensidade e outros aspectos já são todos "propriedade" dos jogadores. Quando entram em campo no sábado, eles já estão no comando da situação.

Henry afirma: "Sou apenas um recurso".

Esses princípios podem facilmente ser traduzidos para o ambiente dos negócios em que o líder estabelece objetivos e parâmetros e depois "passa a bola" para a equipe, transferindo-lhe a responsabilidade pela implantação e pelos detalhes. Lidera criando líderes.

> **Responsabilidade compartilhada significa propriedade compartilhada. O sentimento de inclusão significa que os indivíduos ficam mais dispostos a se doar para uma causa comum.**

Diferentemente de outros times esportivos, os All Blacks não ouvem discursos motivacionais inflamados dos técnicos antes de cada partida. Como disse Henry em uma coletiva de imprensa à época da Copa do Mundo de Rugby de 2011, "os minutos que antecedem a entrada do time em campo são o momento deles. Cada um precisa pôr a cabeça no lugar, se equilibrar, focar no que deve ser feito". Para ele, capacitar os jogadores a assumir o comando de seu próprio ambiente é, de todas as conquistas que obteve no rugby, a que mais o deixa orgulhoso.

Nas palavras de Gilbert Enoka: "Tivemos de nos tornar mais capazes de colaborar para que, juntos, pudéssemos crescer, pudéssemos avançar".

"Mudamos por completo, de decisões tomadas unilateralmente para um gerenciamento duplo, e os jogadores tiveram um papel importante na definição dos padrões, dos padrões de vida, dos comportamentos que são aceitáveis", descreve Wayne Smith.

Graham Henry não tem dúvida: "A dupla liderança foi um elemento muito importante para o nosso sucesso. Talvez a própria razão desse sucesso".

Passe a bola.

"Líderes não criam seguidores", escreveu Tom Peters, "criam mais líderes". Numa recente apresentação no evento anual da Wharton Leadership Conference, o astronauta Jeffrey S. Ashby e o explorador John Kanengieter falaram sobre a importância de "seguidores ativos". Ambos citaram exemplos de situações nas quais, sob pressão, um ou mais membros de suas equipes "tinham dado um passo além" e assumido a responsabilidade por uma fase crucial do projeto. Como disse Kanengieter, "nosso modelo de liderança alavanca a força de seguidores ativos, o que é altamente eficiente em períodos de incerteza e momentos de opções conflitantes".

No entanto, na visão de Kevin Roberts, da Saatchi, nem essa postura vai longe o bastante:

> A linguagem é um fator crítico para vencer; a linguagem cria o gabarito mental e físico para a vitória... Um time de "seguidores" imediatamente fica de pé atrás.

Um time de líderes dá um passo à frente e acha um jeito de ganhar.

No livro *All In: The Education of General David Petraeus*, o antigo comandante das forças americanas no Afeganistão diz: "Instile nos membros de sua equipe um sentimento de grande valor pessoal, deixando claro que cada um deles, num dado momento, pode ser a figura mais importante no campo de batalha".

Em 2011, Stephen Donald se tornou um herói improvável.

Um ano antes, Donald havia jogado aquela que muitos pensavam ser sua última partida pelos All Blacks, após um desempenho lamentável contra a Austrália. Enquanto a Copa do Mundo de Rugby seguia em frente no palco mundial, ele estava pescando no rio Waikato.

Mas, então, uma série de desastres se abateu sobre os All Blacks.

Considerado essencial à vitória dos All Blacks, o abertura Dan Carter – citado como o jogador mais talentoso do mundo, e talvez o maior pontuador da história –, sentiu o tendão estalar durante um treino final de chutes, e em seguida veio a dor. Carter tinha rompido um tendão, e sua participação no Campeonato Mundial de Rugby se encerrava ali. O país inteiro chorou.

Em seu lugar, estava prevista a entrada de Colin Slade. Mas, nas quartas de final contra a Argentina, uma antiga lesão na virilha se agravou e Slade teve de deixar o campo. O país inteiro lamentou.

Enquanto isso, contando apenas com um abertura canhoto, Graham Henry descobriu o número do celular de Donald e, quando este enfim ligou de volta, o técnico perguntou o que ele andava fazendo – assim como quem não quer nada. "Tivemos um dia bom, puxando mais ou menos 11 quilos, mas depois ficou muito melhor", Donald contou depois para os jornalistas que lotavam a sala de coletivas do Mundial. Henry havia lhe dito que, se fosse até o Heritage Hotel em Auckland, ele estaria de volta aos All Blacks.

No 43º minuto da final contra a França, Aaron Cruden, que era a terceira opção, caiu no chão com uma séria lesão no joelho. O substituto de última hora, Stephen Donald, correu para ocupar a posição, usando uma camisa emprestada um tamanho ou dois menor do que o seu. O país inteiro prendeu a respiração.

Na mais disputada e exaustiva final de que se tem notícia, os franceses cederam um pênalti. Sem que precisassem lhe perguntar, com o destino em suspenso naquele momento, Donald deu um passo à frente, encarou os postes e acertou em cheio.

Aquele chute garantiu os pontos da vitória.

O jogador neozelandês que era a quarta escolha para abertura, e que não entrava em campo para uma partida havia seis semanas, fez o que era preciso e se tornou um líder naquele dia.

Passe a bola.

Quando Henry diz que "o jeito tradicional não funciona mais", ele está se referindo à tradicional estrutura de comando centralizado que tenta gerenciar minuciosamente, de cima para baixo, cada detalhe do projeto. O problema, neste mundo VUCA, é que esse modelo tem eficácia limitada. Em seu livro *Delivering Results*, o guru de Recursos Humanos Dave Ulrich cita o general Gordon R. Sullivan, antigo chefe de Estado-Maior do Exército dos Estados Unidos:

> O diferencial competitivo é anulado quando você tenta comandar as decisões de cima para baixo através da cadeia de comando. Todos os pelotões e equipes nos tanques têm informações em tempo real sobre o que está acontecendo à volta deles, a localização do inimigo, a natureza e o alvo da artilharia inimiga.
>
> Assim que a intenção do comandante é compreendida, as decisões devem ser retransmitidas até o nível mais baixo para permitir que os soldados da linha de frente explorem as oportunidades que se apresentarem.

Neste mundo VUCA em que vivemos – militar, empresarial, esportivo –, os times precisam ser capazes de dar uma resposta mais rapidamente, de rever suas táticas e tomar decisões em campo.

Em seu artigo oficial "America's Military: A Profession of Arms", o general Martin E. Dempsey, presidente da Junta de Chefes de Estado-Maior, explicita as diretrizes para o futuro do comando militar, o qual deverá lidar com situações de batalha assimétricas, em tempo real. Trata-se de um "comando de missão" que deverá substituir a velha hierarquia de cima para baixo, movida a "comandos e controle", em que os soldados em ação são meros peões:

> A crescente complexidade e a incerteza antecipada no futuro exigem que a Força Conjunta 2020 empregue comandos de missão para pôr em prática todo o seu potencial de maneira que possa empregar a iniciativa e a inovação de todos os membros da equipe. Os líderes devem fomentar o poder da iniciativa individual fornecendo ordens claras, concisas e completas para a missão, em um clima de confiança e entendimento mútuos.

Segundo o modelo do comando de missão, o líder fornece:

1. Um objetivo claramente definido
2. Recursos
3. Prazo

O resto cabe aos indivíduos em ação. O claro entendimento da intenção do líder e o treinamento certo são a chave para se pôr em prática o comando de missão.

O ex-campeão mundial peso-pesado Mike Tyson declarou: "Todo mundo tem um plano até levar um soco na cara". O comando de missão é a resposta diante de um mundo VUCA em que tudo que pode dar errado dará errado.

> **Ao dotar a equipe com uma intenção, os líderes capacitam as pessoas a responder de modo apropriado a um contexto em mudança, sem que se perca de vista o imperativo tático.**

Testado e refinado em campo, o comando de missão já comprovou que:

- Desenvolve pessoas, dotando-as com um modo de pensar autônomo e crítico, tornando-as capazes de observar, orientar, decidir, agir e ajustar suas respostas no desenrolar da ação.
- Facilita a criação de ambientes adaptativos, ensejando a tomada de boas decisões sob pressão.
- Cria grupos de liderança flexível, em que surgem indivíduos capazes de dar um passo à frente e agir com clareza, certeza e autonomia.

- Cria um sentimento de "propriedade" no time, promove a confiança e o entendimento recíprocos.
- Cria um referencial de decisões, definindo papéis, responsabilidades e reações de tal modo que a tomada de decisão se torna um processo intuitivo, instantâneo e que entrega resultados condizentes com a intenção.

Henry, Smith, Hansen e Enoka – juntamente com todos os demais líderes dos All Blacks – "operacionalizaram" esses pontos de uma maneira imbatível. Eles

- Tomaram a decisão ativa de mudar e instalaram um poderoso sentimento de propósito no time.
- Desenvolveram a liderança entre os jogadores mais experientes, formando um Grupo de Liderança a cujos membros foi confiada a tarefa de tomar decisões críticas e a autoridade para impor o cumprimento de determinados padrões e comportamentos.
- Desenvolveram unidades operacionais individuais em que cada jogador tinha um perfil específico de responsabilidades e liderança.
- Estruturaram a semana de modo que a responsabilidade pela tomada de decisão fosse gradualmente transferida da gerência para os jogadores; quando chegava o sábado, o time estava inteiramente na mão dos jogadores.

- Criaram um sistema de Treino para a Vitória, por meio do qual preparavam o time sob pressão usando técnicas randomizadas de solução de problemas, questionamentos ativos e treinamentos de alta intensidade a fim de deixá-lo preparado para o calor das partidas.
- Deram toda a atenção possível para compreender como o cérebro reage ao estresse a fim de fornecer aos jogadores os recursos necessários para se manterem presentes, conectados, com clareza mental e precisos para conseguirem tomar melhores decisões sob pressão.
- Criaram um "ambiente de aprendizagem" dedicado a desenvolver os indivíduos segundo um programa customizado e autogerenciado de evolução pessoal.
- Desenvolveram técnicas, rituais e uma linguagem para conectar os jogadores com o eixo central do time; usaram a contação de história em todas as suas formas para criar um sentimento de propósito e intenção.

Passe a bola.

Em 2004, ocorreu um "ataque direto à liderança", lembra Anton Oliver. "Eles tiveram de desconstruir totalmente aquilo que tinham diante dos olhos. Foi um grande ato de bravura de Graham Henry, porque ele é obcecado por controle, certo? Mas o sucesso do time é resultado das perguntas que ele mesmo se fez."

> **Líderes criam líderes. Eles armam seus subordinados com uma intenção. E então saem da frente.**

Henry pratica o que Jim Collins, em *Empresas feitas para vencer*, chama de Liderança Nível 5. Trata-se de uma mistura paradoxal de humildade pessoal e vontade profissional. Isso não foi um acontecimento natural na vida de Henry, um autocrata por natureza. Mas seu amadurecimento terminou por levá-lo a criar uma cultura de colaboração em que os talentos individuais puderam emergir e desabrochar, e em que Stephen Donald foi capaz de dar um passo à frente sob pressão, tomar boas decisões e executar o chute com precisão.

Em *Empresas feitas para vencer*, Collins identifica um fato que deveria ser lembrado pelos integrantes não executivos de conselhos em todos os lugares:

Todas as companhias que eram boas e se tornaram grandes contaram com lideranças nível 5 para essa transição.

Collins afirma que líderes nível 5 "canalizam o ego e suas necessidades para um âmbito além do pessoal, compartilhando um nível mais amplo de objetivos voltados à construção de uma grande empresa. A ambição desses indivíduos é antes de tudo dirigida para a instituição, não para si mesmos".

Passe a bola.

> ## Passe a bola
>
> Líderes esclarecidos delegam deliberadamente a responsabilidade a fim de criar times com jogadores engajados, capazes de adaptar sua abordagem para que correspondam às condições vigentes. "Comandar e controlar" em um mundo VUCA é uma postura desastrada e desastrosa, cada vez menos competitiva. Quando criam uma estrutura de gerenciamento com delegação de atribuições, os líderes promovem sentimentos de propriedade, autonomia e iniciativa. Dotando seu pessoal com um propósito, esses líderes visualizam o estado final desejado, traçam um plano, fornecem os recursos certos e confiam que seu pessoal entregará os resultados. Com isso, surge um time de indivíduos preparados e capazes de corresponder ao desafio no momento em que é preciso. Verdadeiros líderes em campo.

Ki ngā whakaeke haumi.

Junte-se a quem consegue juntar
as partes de uma canoa.
(Procure um líder que saiba unir as pessoas.)

V

Aprender

Kohia te kai rangatira, ruia te taitea.
Fique com a comida boa, jogue fora o lixo.

CRIE UM AMBIENTE DE APRENDIZAGEM
Líderes são professores.

"Eu tenho um histórico como educador", Graham Henry revela, "por isso, gosto que esse seja um ambiente de aprendizagem. O resultado disso é que as pessoas ficam melhores, estão sempre evoluindo... como podemos melhorar isto, como podemos aperfeiçoar aquilo?"

Em *Drive*, Daniel Pink cita os três fatores que, em sua opinião, despertam a motivação em um ser humano: maestria, autonomia e propósito.

Como vimos no segundo capítulo, propósito é a conexão com a identidade do time. O propósito cria uma ligação emocional compartilhada entre um grupo de pessoas e é um motivador mais forte do que dinheiro, *status* ou um novo carro da empresa.

Autonomia é o resultado direto do modelo dupla liderança mais comando de missão, que examinamos no quarto capítulo; ela surge quando os membros do time têm controle sobre o próprio destino, ou seja, quando escolhem como vão reagir a determinada tarefa e sentem que são eles mesmos que determinam o que fazer.

E maestria é o que estudaremos neste capítulo.

As perguntas fundamentais são: como os líderes criam um ambiente que oferece oportunidade de crescimento pessoal e desenvolvimento profissional? Como promovem a maestria? Como fazem isso acontecer no dia a dia?

Não há dúvida de que Sean Fitzpatrick foi um notável jogador, talvez o maior dos All Blacks. Foi escalado 92 vezes, jogou no time vencedor da Copa do Mundo de Rugby de 1987 e foi o capitão do time de 1992 a 1997, tendo levado os All Blacks à famosa vitória de uma série contra a África do Sul, na casa do adversário.

Fitzpatrick é um estudioso do sucesso. Sua empresa de palestras motivacionais – Front Row Leadership – está sempre com a agenda lotada. Sua mensagem é: "Seja o melhor que pode ser".

Ele afirma que o sucesso vem de "melhorias modestas, consolidadas com consistência", e que é uma questão de manter o foco nas grandes metas – vencer, deixar um legado –, mas também prestar atenção aos detalhes da prática e da preparação. "Os melhores esportistas do mundo treinam mais do que jogam", comentou com o *New Zealand Management Magazine*. "Os empresários também deveriam treinar. Deveriam ir para casa à noite e analisar seu desempenho ao longo daquele dia. Não fazem isso, mas precisariam fazer. Ser bom em alguma coisa exige prática, muita prática."

> **A excelência é um processo de evolução, de aprendizagem cumulativa, de melhorias graduais.**

No livro *Thriving on Chaos*, Tom Peters escreve: "As empresas excelentes não acreditam em excelência, somente em melhorias e mudanças constantes". O autor afirma que o sucesso resulta de um compromisso de longo prazo para aperfeiçoar a excelência – pequenos passos que eventualmente se tornam um grande salto.

Graham Henry diz: "Estamos sempre desafiando o *status quo*. Sempre desafiando nosso jeito de fazer as coisas, como indivíduos e como time. Como podemos fazer as coisas de um modo melhor?". Inclusive, um dos pilares dos All Blacks é ser um ambiente dedicado à aprendizagem. A gerência do time se vê como estudante do jogo, constantemente atenta aos limites.

Líderes são professores, e Henry é professor por formação. Seu histórico como educador ajudou a formatar o ambiente dos All Blacks.

Alfred Chandler, historiador de negócios e vencedor do prêmio Pulitzer, escreveu certa vez que "a estrutura segue a estratégia". Ou seja, novas formas de organização resultam de imperativos estratégicos. Disso se conclui que você pode ter toda a vontade do mundo, mas, sem a estrutura certa, sua estratégia não terá sucesso. Além disso, a estrutura errada pode inclusive resultar numa estratégia errada.

A fim de fornecer a estrutura que atendesse a máxima "pessoas melhores dão melhores All Blacks", Henry e companhia redesenharam a estrutura da semana de trabalho.

Domingo	manhã: clínica para lesionados
	final da manhã: sessão de recuperação
	noite: sessão de planejamento do Grupo de Liderança
Segunda-feira	trabalho psicológico e treino leve
Terça-feira	sessão de ginástica: trabalho pesado de musculação
	trabalho técnico e treino com bola parada
Quarta-feira	dia livre: relaxar e descansar
Quinta-feira	manhã: alinhamento técnico
	tarde: intensivo de sessões "treine para ganhar"

Sexta-feira sessão com o capitão (comandada pelo jogador)
Sábado tarde: "revisão geral" – sessão técnica fechada
noite: jogo

Com base nessa estrutura, cada jogador recebeu uma planilha individual. Com isso, as ideias ganharam realidade e a visão tornou-se ação.

> A liderança esclarecida promove um sistema estruturado para o desenvolvimento do time, combinado com um mapa customizado para o desenvolvimento do indivíduo.

Henry diz que "cada um tinha seu perfil de jogador, ou um perfil pessoal independente, constituído de sete ou oito pilares principais, e isso era traduzido em um mapa diário de autoaperfeiçoamento. Esse mapa era sobre as 'Coisas que faço hoje'".

A estrutura da semana – e a estruturação das atividades de cada jogador e do seu foco para aquela semana – fornecia a estratégia.

E a estratégia ajudou a chegar a uma pequena taça dourada.

Os All Blacks têm uma vantagem em relação à maioria das equipes de negócios: o time joga quase todas as semanas. O *feedback* é imediato, seja na contagem dos pontos e/ou nas manchetes dos jornais do dia seguinte. Os analistas podem esmiuçar os elementos que explicam a eficácia de cada jogador na execução da estratégia. Os vídeos podem ser vistos repetidas vezes. No mundo dos negócios, os líderes raramente têm parâmetros tão definidos ou avaliações tão imediatas.

Talvez por causa disso tão poucos empresários estruturem sua semana de trabalho com o mesmo cuidado ou a mesma eficiência que os All Blacks. Se fizessem isso, a revisão da segunda-feira à base de café e *croissants* poderia se tornar uma discussão sobre caminhos mais detalhados e pessoais: nas palavras de Henry, um "documento vivo, um mapa de autoaperfeiçoamento". Poucas empresas de fato questionam a ligação entre estratégia e estrutura, entre uma visão geral e as ações que se desenrolam no decorrer da semana útil. Mas, com a transparência, as métricas e a conectividade humana propiciadas pela tecnologia, há muito mais oportunidades de se fazer isso.

Gilbert Enoka tem outra atividade além do trabalho como técnico psicológico nos All Blacks. Fora da temporada de jogos, ele atua numa multinacional do ramo imobiliário, desenvolvendo a cultura e a mentalidade de sua equipe. As técnicas que emprega ali são aplicadas nos All Blacks e vice-versa.

Ele diz que existe uma "sinergia tremenda entre os valores, a visão e a cultura decorrente de valores" de ambos os ambientes, e também em termos da abordagem ao desenvolvimento individualizado. Nas duas situações, "se você não 'vai com tudo', meu chapa, você está fora...".

Muitas das perguntas que ele formula na companhia são as mesmas que faz ao time dos All Blacks:

> Onde está a alma desta companhia? O que é a Harcourt? Quais são os valores que impulsionam o comportamento de vocês? Chegamos ao princípio "Primeiro as pessoas" – isso sempre é importante [...]. Portanto, fazer a coisa certa se torna importante, ser corajoso e encorajador nesse micronível, adentrar novas áreas, rir, divertir-se. Esses valores estão na base de tudo e são a alma desta companhia. A questão é sempre aprender.

"Só porque é bom senso, não quer dizer que seja um jeito comum de proceder", ele avalia, referindo-se ao processo.

Se for montada corretamente, a estruturação de um sistema de aprendizagem pode ser aplicada nos mais diversos níveis organizacionais. Para o time dos All Blacks, fica configurado por volta do início da temporada e também para cada série de testes, que é como um "capítulo" da história. O sistema é montado com o objetivo de alcançar o nível ótimo de *performance* no momento certo, tanto do time como de cada indivíduo. É uma questão de saber quando introduzir novos jogadores e quando deixar outros descansando; quando introduzir habilidades e quando repeti-las em treinamentos; e também quando é o momento certo de levar o time ao máximo de sua condição física e psicológica.

Tudo isso faz parte do ciclo estrutural de quatro anos do rugby.

"O Campeonato Mundial foi uma visão para alguns anos que se tornou mais clara há uns dois anos", diz Henry, que acrescenta: "Várias competições foram etapas que queríamos vencer para aperfeiçoar nossa atuação [...] existe aqui uma estrutura de melhorias no time, assim como uma estrutura para a evolução individual, e ambos são processos ininterruptos".

> Um mapa de ações diárias de autoaperfeiçoamento é um recurso poderoso para o desenvolvimento de times e organizações. Esse "documento vivo" fornece novos objetivos e cultiva novas habilidades para que as pessoas possam se empenhar mais, tornar-se mais capazes e alcançar mais metas em prol do time.

E também existe "um conjunto de programas para tentar trabalhar inclusive em campo", diz Graham Henry.

"Embora haja uma rotina estabelecida, um ritual determinado de preparação, sempre surgem pequenas coisas que necessitam de ajustes e que dão um toque mais refinado ao que está sendo feito." O "refinamento" inclui incentivos psicológicos para derrotar o adversário naquele dia específico, porque o rival é a Austrália ou a Inglaterra, ou porque um jogador está ganhando seu 50º cap.[1]

"Com refinamento é melhor", Graham Henry comenta, sorrindo.

Líderes são professores.

Os All Blacks exibem um sistema institucionalizado de melhorias contínuas que atua no nível superestrutural (a temporada e o ciclo de quatro anos da Copa do Mundo), no nível do time (escolha de jogadores, trabalho sobre o desempenho, preparo técnico etc.) e no nível individual ("Coisas que faço hoje"). E, tal qual o significado original de *kaizen*, começa com o fortalecimento do poder pessoal, desenvolvendo a capacidade de cada indivíduo de dar um passo à frente e assumir o comando quando convocado.

O processo, contudo, vai ainda mais longe.

Trata-se de aproveitar *du jour*, expressão esportiva que implica "agregar os ganhos marginais" ou "o impulso para aperfeiçoar cada detalhe passível de controle, em busca do desempenho máximo".

---

1. Atuação em jogo internacional pela seleção do seu país. [N. E.]

O técnico do time de basquete Bruins, John Wooden, disse: "as corridas são vencidas por frações de segundo. Os jogos do Campeonato Nacional são ganhos com a diferença de um único ponto. Essa fração de segundo e esse único ponto são o resultado de detalhes relevantes concretizados ao longo do caminho".

Os ganhos marginais tornaram-se famosos nos últimos tempos graças ao trabalho de Clive Woodward com o time inglês de rugby, e de Dave Brailsford com as equipes de ciclistas British Cycling e Team Sky.

Quando Woodward assumiu a equipe inglesa de rugby, em 1997, herdou um universo paralelo arcaico em que o técnico não tinha "mesa na casa do rugby" e que, apesar de sua enorme vantagem em número de jogadores e recursos financeiros, a Inglaterra era considerada, no memorável comentário de Graham Henry, "campeã mundial de desperdício de talento".

Woodward chamou Humphrey Walters, consultor que dirigia uma empresa de "aprendizagem e desenvolvimento" chamada MaST International, e, juntos, os dois puseram mãos à obra para efetuar uma mudança completa de cultura, reestruturando a experiência dos jogadores de cabo a rabo. Em outras palavras, do momento em que o time saía de casa para jogar pelo seu país até quando voltava, tudo seria considerado, analisado e alinhado com os valores, o propósito e a estratégia do time.

Isso representou mudanças estruturais profundas e dispendiosas envolvendo pessoal, locais de treinamento e relacionamento organizacional entre o time e seus empregadores, inclusive no modo como se viajava até os locais das partidas. Walter disse a Woodward: "Não se pode disparar um canhão de dentro de uma canoa".

Nas palavras de Woodward, em seu livro *Winning*, Walters ensinou-lhe que "é possível atribuir sucesso a como um time trabalhou em conjunto sob pressão, a como compreendeu a importância do trabalho em equipe e da lealdade, e a como se mostrou disposto a fazer uma centena de coisas apenas 1% melhor".

> **Líderes são aprendizes.**

Esse aspecto final, nas palavras de Woodward, incluiu "elementos não essenciais críticos". Uma camisa nova para o segundo tempo, o mesmo ônibus para todos os jogos, um vestiário mais inspirador no estádio de Twickenham[2] – cada uma dessas pequenas coisas ajudou a Inglaterra de Woodward a vencer o Campeonato Mundial de Rugby de 2003.

Os ciclistas olímpicos britânicos chamam isso de "ganhos marginais". Durante a preparação para sua participação nos Jogos Olímpicos de 2012, em Londres, em que ganharam sete medalhas de ouro das dez possíveis, um feito quase inacreditável, os detalhes incluíram:

---

2. Principal estádio de rugby da Inglaterra, localizado em Londres. [N. E.]

- Capacetes aerodinâmicos customizados.
- Calças térmicas – usadas para manter os músculos da coxa aquecidos entre as provas.
- Trajes que não acumulam suor.
- Rodas borrifadas com álcool para aumentar a tração no início da prova.
- Travesseiros hipoalergênicos para ajudar os ciclistas a não pegarem resfriados.

No Team Sky, entre os detalhes estava transportar a cama de Bradley Wiggins durante os 23 dias do Tour de France, através de 3.477 km, cruzando o Canal da Mancha até Londres, e depois até sua casa em Lancashire, onde ele fez uma pausa no circuito, para em seguida ir de novo para Londres a fim de disputar as Olimpíadas.

Às vezes, pequenas coisas custam um enorme esforço. E muito dinheiro.

Como Brailsford explicou à BBC: "O conceito todo surgiu da ideia de que se você detalhar tudo o que possa pensar que constitui andar de bicicleta e então melhorar cada um deles 1%, quando você reúne todas as peças acaba obtendo uma melhoria significativa".

Na Fórmula 1, a equipe da McLaren fala de "décimos". O time inteiro é movido pela ideia de economizar décimos de segundo no tempo de uma volta. Naturalmente, todas as escuderias de F1 fazem a mesma coisa, mas para a McLaren esse é o seu princípio operacional central.

O ganho marginal pode ser técnico, físico, prático, operacional e até mesmo psicológico. No filme *Um domingo qualquer*, protagonizado por Al Pacino, o personagem chama isso de "polegadas":

> Você acaba descobrindo que a vida não passa de um jogo de polegadas. O futebol americano também. Porque em ambos os jogos, a vida ou o futebol, a margem para o erro é muito pequena [...]. Neste time, nós batalhamos por essa polegada. Neste time, a gente se acaba e acaba com quem estiver em volta pra conseguir essa polegada... porque sabemos que, juntando todas essas polegadas, é isso que vai ser a diferença entre GANHAR e PERDER.

"Falamos de um ambiente de aprendizagem", lembra Graham Henry, "e de todo mundo melhorando e ficando maior a cada dia. Então, se cada jogador melhora 5% ou 10% ou 15%, o time vai melhorar. Se você junta cada uma dessas porcentagens no coletivo, vai acabar com uma coisa especial".

> **Ganhos marginais: cem coisas feitas 1% melhor para se chegar a um diferencial competitivo cumulativo.**

Para criar um ambiente de aprendizagem, é necessário que os líderes deem um passo atrás para olhar o time, o negócio ou a organização da maneira que os engenheiros chamam de "sistema fechado", um sistema dotado de parâmetros definidos em que todas as informações que entram são conhecidas. Embora seja evidentemente mais fácil definir parâmetros a respeito de um time esportivo de elite, é importante para qualquer equipe compreender onde começam e onde terminam seus limites. Quer dizer, ter um controle básico de fronteiras.

O autor W. Clement Stone afirma: "Você é produto do seu ambiente, portanto escolha o ambiente que melhor o levará em direção a seu objetivo. Observe o seu ambiente. As coisas à sua volta estão ajudando ou atrapalhando você a alcançar o sucesso?". Afinal de contas, "não são as montanhas que estão na frente que esgotam a pessoa, são as pedrinhas dentro do sapato", como disse Muhammad Ali.

Com um trabalho intenso para controlar seu ambiente, os All Blacks têm como objetivo remover todas as pedrinhas de seus sapatos.

Dizer "sim" para um desempenho de alto nível significa primeiro dizer "não". Nas palavras de Gilbert Enoka, "quando você analisa os rituais, por exemplo, o que efetivamente fizemos [...] foi eliminar coisas [...]. O que não mudou são os 'imperativos' que impulsionam o legado [...], a arte está em saber o que eliminar".

"As pessoas pensam que 'foco' é dizer 'sim' para aquilo que você quer", afirmou Steve Jobs para o escritor Walter

Isaacson. "Mas não é nada disso. 'Foco' significa falar 'não' para outras cem boas ideias que estão na sua frente. É preciso escolher com cuidado."

Na formação da equipe inglesa sob o comando de Woodward, Humphrey Walters comparou a situação com retirar todos os móveis de uma casa – cadeiras, mesas, utensílios, decoração e aquelas coisas misteriosas acumuladas nas gavetas – e depois ficar apenas com o que é útil.

Isso tem mais a ver com controlar o ambiente psicológico do que o físico. Os programadores de computador usam a expressão Garbage In/Garbage Out [Lixo que fica/Lixo que vai]. Aplicando a analogia, isso significa:

- A linguagem verbal, visual e gestual que permitimos que se instale em nossa cabeça.
- As toxinas (álcool, drogas, açúcar) que permitimos que se instalem em nosso corpo (e mente).
- As pessoas que permitimos que ocupem espaço em nossa vida.

Os psicólogos falam de estímulo e resposta: quer seja a influência de certas pessoas sobre nós ou de certas substâncias em nosso metabolismo, precisamos ter cuidado com o que ingerimos.

Precisamos ter cuidado com os móveis que colocamos de volta em nossa casa metafórica. O mais importante para um ambiente de aprendizagem de alto desempenho é a qualidade do material autorizado a entrar, a permear nosso "sistema fechado" e se tornar estímulo para nossas respostas.

Os All Blacks são notavelmente sensatos na hora de eliminar influências indevidas; ao mesmo tempo, são curiosos e inovadores quando se trata de buscar estímulos, conhecimentos e *insights* proporcionados por outras pessoas e organizações.

Os técnicos Henry, Smith e Hansen visitaram outros times – New York Giants, Sydney Swans, Melbourne Storm, entre outros –, a fim de melhor compreender sua cultura, seus padrões e sistemas. O mantra dos All Blacks – "No Dickheads" ["Babacas não"] – foi roubado do Sydney Swans sem a menor cerimônia.

Mike Cron, técnico de *scrum*,[3] também é um aprendiz de esportes. "Uma parte do meu contrato com a NZ me permite ir a qualquer lugar do mundo para me aperfeiçoar", declarou ao *Samoa Times*. "Estive em campos de treino de sumô e em retiros de treino intensivo de judô no Japão, visitei o NY Nicks, o Yankees e o Giants, além do campo de treinamento da NFL na Flórida, para recolher ideias."

O time também contou com a colaboração de um *eye-coach* [técnico visitante] que lhe apresentou diversos exercícios para melhorar a consciência espacial, além de psiquiatras e lutadores faixa preta de caratê que trabalharam o hábito indesejável dos All Blacks de sucumbir

---

3. *Scrum* é a forma mais usual de recomeçar o jogo após uma falta leve. [N. T.]

à pressão da Copa do Mundo. Enoka também compartilhou com o time a sabedoria de Derek Lardelli, artista maori e expoente do *kapa haka*, que ajudou o time a retomar a ligação com sua identidade e criar um novo *haka* – *Kapo O Panga* – para expressar sua autoimagem.

Como todos os bons professores, os técnicos dos All Blacks são aprendizes, não só do jogo, mas também da natureza humana. Como todos os bons professores, adoram aprender.

Na fase de preparativos anterior à Copa do Mundo de Rugby de 2011, os técnicos trouxeram um homem chamado Jock Hobbs para palestrar para o time.

"Um sujeito fabuloso, numa triste situação", lembra Graham Henry. Hobbs já fora capitão dos All Blacks e, até que sua doença o obrigasse a se retirar de cena, CEO da União de Rugby da Nova Zelândia. Ele sofria de leucemia, que acabou por vitimá-lo.

Hobbs falou para o time sobre o efeito inspirador que os jogadores estavam causando no país inteiro, sobre seus desafios pessoais e como estes se relacionavam com o time.

Disse:

> Saiam da cama todos os dias para serem os melhores que puderem. Para serem os melhores do mundo. Deem o máximo, a cada segundo de cada minuto dos sete jogos que terão pela frente. Não podem fazer mais do que

isso. Amigos, nunca deixem que a música se cale dentro de vocês.

Líderes são professores.

Outro palestrante foi um homem chamado Willie Apiata, condecorado com a Cruz Victoria, a mais alta honraria britânica por ato de bravura. A inscrição de sua medalha, por seu ato de coragem ocorrido num vale remoto no Afeganistão, diz:

> Ignorando totalmente sua própria segurança, o anspeçada Apiata avançou e levantou o camarada caído. Ele então o carregou, atravessando 70 metros de terreno acidentado, pedregoso e sob fogo cerrado, expondo-se plenamente aos riscos da batalha, enfrentando a pesada artilharia inimiga [...]. Depois de levar o companheiro ferido até o abrigo improvisado, ele recarregou sua munição e voltou para a linha de frente a fim de participar do contra-ataque.

Sua mensagem sobre jogar pelo time e todos confiarem uns nos outros – "senão você morre" – não podia ser mais clara. No final, Graham Henry disse que "todos os All Blacks ficaram de pé, e explodiram numa emocionada salva de palmas. Willie também bateu palmas para o time. Todos manifestando seu máximo respeito uns pelos outros".

"O ambiente em que as pessoas vivem é aquele em que aprendem a viver, respeitar e perpetuar", disse, no século 19, a química Ellen Swallow Richards.

Como aponta Bill Walsh, quando o ambiente é dedicado à aprendizagem, o resultado vem por si só. Líderes são professores, e nossa tarefa é conduzir as pessoas em meio à incerteza e à confusão até que atinjam a autocompreensão e o autodomínio. Walsh diz que "a capacidade de ajudar as pessoas à minha volta a concretizar por si mesmas seus objetivos manifesta o aspecto central de minhas habilidades e o rótulo que mais prezo: o de professor".

Às vezes basta apenas um encontro – um único professor – para mudar toda uma vida e muitas outras depois disso.

> Líderes de sucesso investigam outros campos além do seu para descobrir novas abordagens, aprender melhores práticas e empurrar seus limites para a frente. Depois passam adiante o que aprenderam.

O professor de Sean Fitzpatrick foi um homem chamado Guy Davis, técnico do time de rugby da segunda divisão em que Sean jogava. Como escreve Fitzpatrick em *Winning Matters*, Davis mudou a vida do jovem jogador para sempre.

Naquele tempo, ele disse ao futuro capitão dos All Blacks que "não importava o nível de talento que nos tivesse sido dado, o nosso tamanho ou a velocidade com que podíamos correr. O que importava era o que fazíamos com o talento com que podíamos contar [...] sem desculpas e sem exceção: 'A única coisa que quero é que você seja o melhor que pode ser'".

Essa foi uma lição que Fitzpatrick levou consigo pela vida afora e que transmite a todos que conhece.

"O que você deixa para trás não é o que ficou inscrito em monumentos de pedra", disse Péricles, o grande estadista grego, "mas aquilo que ficou marcado na vida dos outros". Seu legado é o que você ensina.

Crie um ambiente de aprendizagem

Os seres humanos são motivados por um propósito, pelo desejo de autonomia e pelo impulso de alcançar a maestria. Líderes competentes criam um ambiente em que seu pessoal pode desenvolver habilidades, conhecimento e o próprio caráter. Isso promove um ambiente de aprendizagem e uma cultura de curiosidade, inovação e melhorias contínuas. Identificando cem coisas que podem ser feitas apenas 1% melhor, os líderes criam um diferencial incremental e cumulativo, e as organizações registram melhores desempenhos e resultados. Para fomentar um ambiente de aprendizagem coerente, vale a pena eliminar os elementos imprestáveis – livrar-se da mobília inútil – e introduzir influências inspiradoras e iluminadoras.

Te tīmatanga o te mātauranga ko te wahangū,
te wāhanga tuarua ko te whakarongo.

O primeiro estágio da aprendizagem é o silêncio;
o segundo é escutar.

Whānau

*Ā muri kia mau ki te kawau mārō,
whanake ake, whanake ake.*
Mantenha a formação de ponta
de lança dos *kawau*.

BABACAS NÃO
Siga a ponta da lança.

Taranaki, Nova Zelândia

Um bando de aves – *kawau*, uma espécie de biguá –, desenha um gracioso V no céu ao amanhecer. Um pássaro lidera a formação, outro o segue, depois vem outro que toma a dianteira, num interminável e sincronizado sistema de apoio que lembra bastante o pelotão de ciclistas profissionais.

Os ornitólogos afirmam que voar dessa maneira é 70% mais eficiente do que realizar um voo solo. Se uma ave sai da formação, ela sofre a resistência do vento e volta a se reunir ao bando. Se alguma fica para trás, as outras retardam o próprio avanço até que ela consiga retomar o ritmo. Nenhuma ave é deixada sozinha para trás.

Essa é uma extraordinária dinâmica organizacional, e uma metáfora perfeita para o conceito maori de *whānau*.

Whānau quer dizer "nascer" ou "dar à luz".

Para os maori, isso significa a família estendida: pais, avós, tios, filhos, primos. No vernáculo, passou a significar nossa família de amigos: nossos parceiros, nossa tribo, nosso time. Na mitologia maori, *whānau* é simbolizado por uma ponta de lança, imagem que, por sua vez, é derivada da formação que o bando de *kawau* assume no ar. Uma ponta de lança tem três pontas, mas, para funcionar adequadamente, a força toda deve se mover num único sentido.

Com o *whānau* é a mesma coisa. Para que funcione, todos devem se dirigir para o mesmo ponto. Você tem liberdade para escolher o rumo que quiser, mas a ponta da lança é mais eficiente se todos trabalharem juntos.

> **Voe em formação. Tenha uma só coisa em mente. Siga a ponta da lança**
>
> **Isso é "ser do time", a essência da organização de sucesso.**

"Precisamos de gente que trabalhe com afinco e dê duro pelo seu irmão", insiste Gilbert Enoka. "Sabemos que essa é uma fórmula muito boa porque é desse modo que conseguimos contribuições."

Kevin Roberts, CEO global da Saatchi & Saatchi, diz que a definição de um grande time é aquela em que a equipe está "fluindo melhor do que o adversário". Ele acredita que, para haver um fluxo coletivo, a organização deve ter "uma única mente".

O lendário Phil Jackson, antigo técnico do time de basquete Chicago Bulls, fala da "mentalidade de grupo" e afirma que esse fator foi a base de sua extraordinária carreira como técnico. Quando Jackson trouxe Michael Jordan para Chicago, o atleta tinha sido o maior pontuador da liga em todas as suas seis primeiras temporadas, de longe o melhor jogador da NBA, e mesmo assim nunca tinha chegado a um título.

"Há limites para o que um grande jogador é capaz de alcançar sozinho", disse Jackson em seu livro *Sacred Hoops*. "Por mais que suas jogadas individuais sejam espetaculares, se ele não estiver psicologicamente sintonizado com os demais jogadores, o time nunca chegará à harmonia necessária para ganhar um campeonato."

E acrescenta: "Essa é uma luta que todo líder enfrenta. Como fazer com que os membros de um time que só se importam com a busca da glória individual se entreguem sem reservas ao trabalho do grupo".

Jackson gostava de citar Rudyard Kipling:

> Pois a Força da Matilha é o Lobo,
> e a força do Lobo é a Matilha.

Red Holzman, mentor de Jackson, ensinou-lhe que "num bom time não existem superastros. Existem grandes jogadores que mostram que são grandes por serem capazes de jogar como um time [...] eles fazem sacrifícios, fazem o que for necessário para ajudar o time a ganhar".

Os resultados da abordagem "sem ego" adotada por Jackson falam por si mesmos. Quando se aposentou em 2003, Michael Jordan tinha vencido seis campeonatos e fora eleito o Jogador Mais Valioso em todas essas finais. Ao transformar seu "eu" em "nós", sua reputação passou por uma mutação alquímica e se concretizou em inúmeros troféus e medalhas. Ser um grande jogador de um time fez dele um jogador excepcional, o maior de todos os tempos.

> **A força do lobo é a matilha.**

"Para ser honesto, isso é tudo para o time. É uma questão de pensar no que é melhor para o time antes de no que é melhor para você [...] se não for bom para o time, não diga e não faça", declara Andrew Mehrtens, uma lenda dos All Blacks.

Ele ainda acrescenta: "Todo mundo tem determinado papel a desempenhar e, se você conquistar o respeito dentro do grupo, então poderá avançar muitíssimo mais [...] se o sujeito que chuta a bola para o gol puder respeitar a habilidade, a dificuldade, do companheiro que lança a bola no alinhamento lateral, ou perceber como é difícil para quem está no meio do *scrum* se manter firme à direita...".

Owen Eastwood diz que, se os primeiros cinco passos para desenvolver uma cultura de alto desempenho são:

1. escolher jogadores com base no caráter,
2. compreender sua estratégia de mudança,
3. ser cúmplice do propósito,
4. transferir liderança,
5. estimular um ambiente de aprendizagem,

então o sexto passo – legitimamente o mais importante – é começar a fazer os padrões se tornarem ações. E a melhor maneira de conseguir isso é levando cada jogador a incentivar o poder dos outros.

"Como valor, o respeito é algo vago", lembra Eastwood, "mas tem impacto quando os jogadores entendem que isso quer dizer não levar o próprio telefone para as reuniões, não entrar em conversas paralelas etc. Por si, os valores correm o risco de se tornar papel de parede e perder o sentido". Mas, como ele acrescenta, "definir e exigir o cumprimento desses padrões precisa ser um processo de baixo para cima".

"Esses jogadores são jovens, aparecem na televisão, ganham muito dinheiro, coisa que nunca tiveram antes, as mulheres correm atrás deles", afirma o ex-capitão dos All Blacks Anton Oliver, "mas se você não estiver refletindo a cultura do time [...] o pessoal vai acabar com a sua raça".

A força do lobo é a matilha.

Costumavam falar do "fundão do ônibus" para se referir à hierarquia natural surgida entre os All Blacks, muito facilmente vista na disposição dos assentos no ônibus da equipe: jogadores sêniores no fundo, os novatos na frente. Quem não era dos All Blacks melhor nem pensar em subir a bordo.

Os membros mais velhos do time impunham a obediência aos padrões porque esses eram os padrões *deles*. Antigamente, isso também era constatado nas Sessões do Tribunal aos domingos, quando os jogadores mais experientes aplicavam multas, geralmente líquidas, e, na maioria das vezes, na hora. Mas o mundo seguiu adiante e, quando a gerência dos All Blacks começou a promover ativamente o fortalecimento recíproco do poder dos jogadores por eles mesmos, os padrões logo saíram do fundo do ônibus para ocupar a frente das ideias.

Em sua forma mais simples, tratava-se de os personagens mais experientes serem os mentores dos jogadores mais jovens. Havia também o Grupo de Liderança nas tomadas de decisão coletivas quanto a aparições públicas, à aprovação de material publicitário e a que entidades beneméritas o time daria apoio. O Grupo de Liderança ainda ficou incumbido de solucionar problemas internos do time, contando com a confiança de seus integrantes para a execução dessa tarefa.

Os resultados desse processo ganharam visibilidade máxima durante a Copa do Mundo de Rugby de 2011, quando dois jogadores – Cory Jane e Israel Dagg – resolveram curtir uma noitada no Takapuna Bar. No dia seguinte, quando os comentaristas de rádio exigiam a cabeça dos dois, a encabulada dupla foi posta diante dos sete jogadores mais importantes, que lhes pediram explicações. Para os rapazes, curtindo a melhor fase de sua vida, participando do torneio de seus sonhos, a situação deve ter sido humilhante. Logo depois, a dupla apresentou um pedido público de desculpas ao time todo e o caso foi encerrado.

Como escreve Bob Howitt:

> Esse é um exemplo clássico da estrutura de duplo gerenciamento em ação no time: um sermão de um gerente mal-humorado não teria surtido metade do impacto que se abateu sobre os dois jogadores quando tiveram

de encarar os companheiros. Os jovens detestam desapontar os colegas e o time, dentro ou fora de campo.

Os dois jogadores depois se mostraram capazes de desempenhar papéis de destaque na vitória contra a Austrália na semifinal.

"Para que todos sigam no mesmo sentido é preciso que haja elos fortes no time", diz Andrew Mehrtens. "Se os elos são fracos, então você terá jogadores tomando direções diferentes e isso não faz bem a ninguém." Eis a razão pela qual Wayne Smith inventou o Clube do Rugby.

Como ele explica, "os All Blacks são o clube mais privilegiado do mundo [...]. Você tem de conquistar o direito de entrar nesse lugar, que é altamente exclusivo. Eu realmente senti que o Clube do Rugby daria oportunidade para os jogadores falarem do passado... sentirem orgulho de onde vieram, de quem são".

> Ser do time é algo que vem de dentro. Os padrões elevados devem vir de dentro. A liderança atua melhor quando o time assume a dianteira.

Smith propôs ao Grupo de Liderança uma noite social, agendada com regularidade, na qual os jogadores vestiriam a camisa do clube e "calmamente tomariam seus drinques juntos", retomando o clima e a cultura que os instigaram a praticar aquele esporte. A iniciativa foi um enorme sucesso, uma chance para todos rirem, se divertirem e se livrarem da pressão.

Smith afirma: "Para poder trabalhar em conjunto, a comunicação é o fator principal. E acho que isso resulta de um time que tem bom relacionamento fora do campo... um time capaz de passar algumas horas junto, conversando, sendo honestos uns com os outros. Isso é incrivelmente importante".

"A gente fala de lidar com as expectativas e de lidar com a pressão", como lembra Graham Henry. "A gente fala de líderes no comando, de jogadores liderando. De legado e do que isso quer dizer [...]. Mas, na minha opinião, outra coisa realmente importante é a ligação entre as pessoas. E quanto maior essa ligação, mais resilientes e fortes nos tornamos, e ficamos melhores."

A força do lobo é a matilha.

Além de favorecer a aproximação entre os jogadores, o Clube do Rugby também serve para que retomem a ligação com sua história, suas raízes, seu *whānau*. As antigas camisas do clube de rugby fazem com que se lembrem de onde vieram e da posição que conquistaram, mas também traz à mente de cada um a necessidade de manter os pés bem firmes no chão.

É um modo de se manter ancorado e de associar um sentido pessoal ao propósito do time, além de uma desculpa para se divertir. "Embora haja uma pressão enorme sobre eles para que honrem a camisa e a deixem em melhor situação do que a encontraram, se você curte essa experiência de fato fica mais fácil atingir esse objetivo", diz Smith.

Diversão com um propósito sério.

Vencer.

A força do lobo é a matilha.

Esse tipo de processo de vinculação e aproximação fornece capital social, quer dizer, aquele benefício intangível da proximidade e da cooperação que é a confiança. Também promove uma inteligência coletiva: mais cabeças pensam melhor do que uma. No entanto, esse sentimento de unidade pode ser ameaçado por uma única pessoa.

Como diz um antigo provérbio árabe:

É melhor ter mil inimigos do lado de fora da tenda do que um dentro.

Os maori têm uma expressão semelhante: *He iti wai kōwhao waka e tahuri te waka.*

Um fio d'água vazando por um buraquinho inunda a canoa.

De sua parte, os All Blacks são estritamente fiéis à máxima que pegaram emprestada do Sydney Swans:

Babacas não.

Esse lema é o antídoto contra o vazamento, contra a maçã podre, contra o inimigo dentro da tenda – e se estende à escolha dos jogadores. Alguns dos jogadores favoritos da Nova Zelândia nunca entraram nos All Blacks porque são considerados "babacas"; outros chegam a jogar, mas nunca mais são convidados. Essa é uma filosofia poderosa e eficaz que ajuda a manter intacto um ambiente excepcional.

Um sujeito desleal ou egoísta é capaz de infectar o grupo. Quando é removido do time, o grupo todo volta a se unir e se cura.

Babacas não.

> **Ninguém é maior do que o time, e o brilho individual não garante automaticamente resultados extraordinários. A mentalidade egoísta é capaz de infectar uma cultura coletiva.**

Estipular padrões elevados e instalar medidas necessárias para que sejam cumpridos por meio de reforços positivos recíprocos entre os jogadores é um procedimento crítico para se concretizar uma cultura de time bem-sucedida. Aliás, todos os técnicos mencionados até aqui – Bill Walsh, Vince Lombardi, John Wooden, Phil Jackson e Clive Woodward – começaram seu trabalho implantando um conjunto de padrões elevados e não negociáveis.

Por meio de tais padrões, esses técnicos identificaram as expectativas e desenharam o *éthos*, a cultura, do time.

Existe uma tremenda coincidência entre a filosofia desses profissionais e a dos All Blacks.

Vince Lombardi disse: "Como líder, você é seguido 24 horas por dia".

Os All Blacks dizem: "Somos All Blacks 24 horas por dia, 7 dias por semana".

Bill Walsh adotou "uma agenda de normas comportamentais específicas – ações e atitudes – que se aplicava a cada uma das pessoas incluídas em sua folha de pagamento".

Os All Blacks dizem: "Pessoas melhores dão melhores All Blacks".

O objetivo de Phil Jackson era "encontrar uma estrutura que fortaleça o poder de cada integrante do time, não somente as estrelas, permitindo que os jogadores cresçam como indivíduos ao se entregarem ao trabalho pelo time".

Os All Blacks contam com um modelo de dupla liderança.

John Wooden disse que um jogador que engrandece o time é melhor do que um grande jogador.

Os All Blacks dizem: "Ninguém é maior do que o time".

No livro *Empresas feitas para vencer*, Jim Collins defende a primazia do "quem" em vez do "quê", do "nós" em vez do "eu", e cita Ken Kesey em *The Electrical Kool-Aid Acid Test*: "Você está dentro ou está fora do ônibus". Sua pesquisa comprova que "líderes que eram bons e se tornaram grandes começaram trazendo primeiro as pessoas certas para dentro do ônibus (e tirando de lá as pessoas erradas), e depois descobrindo como dirigir aquilo".

Com isso, ele está dizendo que não é preciso ser cruel, apenas rigoroso. E, como diz o ditado, se você só insistir no melhor, muito frequentemente é o que terá. Nos All Blacks, eles são rigorosos e cruéis; insistem no que há de melhor e parece que é o que sempre conseguem.

Como diz o técnico atual, Steve Hansen: "Coloque a mão num copo d'água. Agora, tire. Essa é a mesma dificuldade de substituir você".

A força do lobo é a matilha.

Babacas não

Whānau é sua família, são seus companheiros, seu time, sua organização. Para que *whānau* vá em frente, todos ali dentro devem seguir na mesma direção. Essa é a essência do time: se esforçar pelo outro, em harmonia, sem discórdia, deixando o ego de lado em prol de uma causa maior. Isso se aplica à seleção – Babacas não –, assim como ao fortalecimento dos vínculos, da confiança e da colaboração entre todos os níveis da organização. Nesse sentido, as pessoas trabalham umas pelas outras e não para obter destaque individual. Nos All Blacks, padrões elevados são um fator fundamental e os próprios jogadores se incumbem de cumpri-los à risca, pois confiam que corresponderão à tarefa. O sucesso pode ser explicado pela ligação entre todos os integrantes do time e por seu caráter coletivo, o que é verdade em todas as organizações vencedoras. Grandes líderes protegem implacavelmente seu pessoal, encorajando a aproximação, a colaboração e o sentimento coletivo de propriedade, cultivando um ambiente seguro de confiança, respeito e família.

Kia urupū tātou; kaua e taukumekume.

Fiquemos unidos,
sem nos lançar uns contra os outros.

Expectativas

*Ko taku reo taku ohooho,
ko taku reo taku māpihi mauria.*
Minha língua é meu despertar,
minha língua é a janela para minha alma.

ABRACE AS EXPECTATIVAS
Mire a nuvem mais alta.

Sean Fitzpatrick se lembra de um episódio, no início de sua carreira, quando estava tentando conquistar seu espaço no time do Auckland, por assim dizer, às cotoveladas. O problema era que não conseguia acertar seus arremessos no alinhamento lateral; não conseguia que eles atingissem o ponto certo.

Andy Haden, o segunda-linha do Auckland e dos All Blacks, não estava impressionado. "Basicamente, ele me disse para cair fora. Ainda bem que lidei com a situação do jeito certo, fui em frente e aprendi como jogar a bola direito. Mas foi uma lição difícil. Fiquei sem jogar pelo Auckland por mais dois anos ainda", lembra-se Fitzpatrick.

Outra história.

Estamos em 1993. Os All Blacks estão jogando contra o British Lions,[1] em Wellington. Apesar de uma magra vitória na partida anterior e os All Blacks serem vistos como favoritos, os jogadores saem de campo humilhados. Placar: 20-7 para o Lions.

De repente, já na iminência da terceira e última partida, os All Blacks estavam à beira do abismo: a possibilidade de duas derrotas seguidas pela primeira vez desde 1949. Os jornais criticavam brutalmente o time.

Segundo Robin McConnell, no livro *Inside the All Blacks*, o técnico Laurie Mains também criticava: "Nunca me senti tão desgraçadamente humilhado como quando vi aqueles Poms[2] dominando um time dos All Blacks [...]. Você acha aceitável perder uma partida oficial? Eu não [...]. Precisamos de coragem, precisamos da capacidade nativa de resistir e lutar. Acima de tudo, vocês são todos All Blacks. O que vão fazer a respeito?".

No vestiário, logo após o fim do jogo, Fitzpatrick disse aos jogadores: "Gravem bem na cabeça como estão se

---

1. Time formado pelos melhores jogadores do Reino Unido (Inglaterra, País de Gales, Escócia e Irlanda). [N. E.]
2. Termo utilizado para designar os ingleses. [N. E.]

sentindo neste exato momento e garantam que nunca mais venham a se sentir assim novamente".

Essa aula sobre perder, para ele, foi um legado. Como disse durante uma conferência *London Business Forum*, "sendo dos All Blacks, você ouve sem meias palavras que é para se lembrar muito mais das derrotas do que das vitórias".

O que mais doeu para Fitzpatrick foi a contagem dos pênaltis cometidos por ele ter sido mais alta do que a do resto do time somada. Ex-jogadores dos All Blacks telefonaram-lhe pedindo que se demitisse, mas, em vez de fazer isso, ele transformou a dor em motivação.

Na partida seguinte, em Auckland, os All Blacks venceram por 27-3.

Teria sido doloroso demais perder.

"O medo de não fazer direito te obriga a se preparar adequadamente", conta Fitzpatrick. "Todos os times de sucesso, nos esportes ou nos negócios, aqueles que se preparam como devem são os que normalmente ganham."

Acrescenta: "As pessoas têm pavor da expressão 'medo de fracassar' porque pensam que isso atrapalha seu desempenho. Mas, se você é honesto consigo mesmo e realmente usa essa expressão como motivador – se prepara bem e não só na noite anterior –, sabe que as propostas [de negócio] que fracassam são aquelas que as pessoas ficaram até as três da manhã preparando...".

Andrew Mehrtens diz: "Uma forte aversão a não ser bom o bastante é algo saudável. Eu faria qualquer coisa para ganhar, menos roubar, claro. Detesto perder. Eu realmente detesto perder".

E Fitzpatrick diz para sua plateia: "A chave está em compreender que existe uma grande diferença entre o medo do *feedback* ou do fracasso e saber aproveitar esse medo para obter um efeito positivo".

Abrace as expectativas.

O vencedor do Prêmio Nobel de Economia de 2002, Daniel Kahneman, escreveu no livro *Rápido e devagar: duas formas de pensar* sobre os benefícios do medo de fracassar para o que chama de "aversão à perda". Citando uma pesquisa de Devon Pope e Maurice Schweitzer na Universidade da Pensilvânia, ele expõe a "força relativa dos dois tipos de pensamento" nas estatísticas dos jogadores profissionais de golfe: "Quer a tacada fosse fácil ou difícil, a cada distância do buraco os jogadores tinham mais êxito quando arriscavam o *par* em vez do *birdie*".[3] A diferença no índice de sucesso era da ordem de 3,6%.

O que parece é que não jogamos para ganhar, mas sim para não perder.

"A história do time de rugby All Blacks tem sido tão bem-sucedida que a expectativa na Nova Zelândia é que a gente vença todas as partidas", afirma Graham Henry,

---

3. No golfe, *par* é o número de tacadas ideal para se finalizar um buraco. *Birdie* é finalizar o buraco com uma tacada abaixo do *par*. [N. E.]

"e eu acho que isso faz bem ao time. Se a gente não tivesse essa expectativa tenho certeza de que não alcançaríamos o nível que alcançamos".

É um fogo cruzado vindo de três fontes: a expectativa do país inteiro, as expectativas dos companheiros de time e dos técnicos e um alto nível de expectativa pessoal. Tudo isso se condensa numa maciça aversão à derrota que os instiga a sacrifícios – e sucessos – maiores em campo.

Fitzpatrick lembra: "Temos um ditado: 'Não seja um bom All Black. Seja um ótimo All Black. Não se contente em apenas atingir suas metas. Vá mais longe'".

Como Jonah Lomu disse a Kevin Roberts: "a gente detesta perder para nós mesmos e ficar em segundo".

Abrace as expectativas.

É esse parâmetro interno que distingue o ótimo, o grande, do bom. "A cada momento do jogo, eu me desafio a ser o melhor jogador de basquete que existe", afirmou Michael Jordan ao *MVP.com*.

Como lembrou o comentarista de críquete Tony Cozier a Sam Sheringham da BBC, Tino Best, jogador de críquete natural de Barbados e famoso por sua velocidade, mostra seu método já na mensagem de sua secretária eletrônica: "Aqui é Tino Best falando. O mais rápido lançador do mundo. Não posso atender agora, mas ligarei de volta para você assim que acabar o treino para ficar ainda mais rápido".

Segundo Justin Hughes, antigo piloto da equipe Red Arrows, o mesmo acontece no Time de Acrobacias da

Real Força Aérea. "O padrão em relação ao qual você se mede é elevado. Após as exibições, a análise do desempenho é um processo brutal, não no sentido agressivo, mas pelo fato de o esquadrão avaliar seus próprios padrões por parâmetros muito mais altos do que os usados externamente. Nós não nos avaliamos pela opinião pública; estamos nos medindo em relação a algo muitíssimo mais elevado."

Em *The Real McCaw*, o capitão dos All Blacks conta a Greg McGee que passou a infância em uma fazenda na remota região de Hakataramea, no vale do Waitaki, na beirada do mundo. Especificamente, ele fala sobre uma conversa que teve com seu tio Bigsy que mudou sua vida.

O tio perguntou-lhe: "Você quer ser dos All Blacks?".

"Sim, quero!"

Então eles traçaram um plano, listando uma série de metas, incluindo a passagem pelo Canterbury Sub-21, depois pelo time provincial de Canterbury e, por fim, os All Blacks, em 2004. Segundo o livro, tio Bigsy disse a McCaw: "Você não quer simplesmente ser dos All Blacks, você quer ser um grande All Black". E, apontando um lugar específico na lista, ordenou: "Assine aqui. Assine Grande All Black". E McCaw, meio acanhado, assinou "G. A. B."; depois escondeu o papel em seu quarto.

Quando a fazenda em Hakataramea foi vendida, McCaw voltou para tirar as coisas do seu quarto e encontrou aquele papel no fundo do armário. Então se deu conta de que tinha cumprido todas as metas que se determinara a alcançar, tendo inclusive se tornado um All Black três anos antes do programado.

> **Líderes de sucesso têm padrões próprios elevados. Eles colocam suas expectativas no alto e tentam ir além delas.**

Entretanto, as coisas não estavam bem. Os All Blacks tinham acabado de perder as quartas de final da Copa do Mundo de Rugby de 2007 para a França. E o legado de McCaw estava em jogo: ele corria o risco de perder seu lugar no time e ainda não tinha alcançado seu objetivo.

Então, ele se perguntou: "O que faria um G. A. B?".

Muhammad Ali começou a dizer que era o maior antes de ter realmente direito a se chamar assim. "É a repetição de uma afirmação que leva a crer", diz ele. "E, assim que essa ideia se torna uma convicção profunda, as coisas começam a acontecer."

Daniel Kahneman nos lembra que essas afirmações nem precisam ser verdadeiras: "A menos que seja imediatamente rejeitada como mentira, a mensagem terá o mesmo efeito sobre o sistema associativo, seja qual for sua medida de confiabilidade [...]. Pouco importa, afinal de contas, se a história é digna de crédito ou não".

Mesmo quando estipulamos a mais irreal das expectativas a nosso respeito, "a aversão ao fracasso de não conquistar o objetivo é muito mais forte inclusive do que o desejo de atingi-lo". Ao que parece, mesmo no universo de um modelo econômico vencedor do Prêmio Nobel, os clichês são verdadeiros:

- Se você puder conceber e acreditar, pode alcançar.
- Visualize para concretizar.
- Finja até conseguir.

A verdade é que a história que contamos sobre a nossa vida *se torna* a história da nossa vida. A narrativa que repetimos para nosso time, nos nossos negócios, sobre nossa marca, organização ou família se torna a história que, no fim, acabamos contando sobre nós. Essa narrativa internalizada – acionada por palavras, imagens, movimentos e lembranças – é o fenômeno popularmente chamado de profecia autorrealizada.

Em sua primeira definição, datada de 1949, a expressão criada por Robert K. Merton aludia a "uma falsa definição de uma situação despertando novos comportamentos que fazem a concepção original se concretizar". Atualmente, é empregada mais com um sentido de advertência: "Ele disse que coisas ruins iriam acontecer, então coisas ruins aconteceram". Mas o inverso, como prova McCaw, é igualmente verdade: afirme que você será um G. A. B. e poderá mesmo acabar se tornando um.

Kahneman propõe duas observações psicológicas inter-relacionadas para explicar isso: ancorar e aprontar.

Ancorar é entendido mais facilmente quando analisamos os truques usados por funcionários de supermercados, farsantes e vendedores: "O preço normal é R$ 100, mas faço por R$ 20 para a senhora. Uma pechincha!". A ancoragem de percepção – "O preço normal é R$ 100! Pechincha!" – faz o número menor parecer mais barato.

Aprontar é um processo talvez mais surpreendente. Em 1996, John Bargh, um psicólogo social da Universidade de Nova York, testou o que é chamado de efeito ideomotor, uma resposta automática em que as ações inconscientemente seguem os pensamentos. Num experimento famoso, Bargh mostrou rapidamente aos participantes cartões com uma única palavra e depois lhes pediu que construíssem sentenças simples com elas. Entre os cartões dos grupos estavam inseridos termos relacionados a velhice:

Careca, ruga, grisalho, artrite, Flórida, esquecido.

Depois de comporem suas sentenças, os grupos – alguns dos quais tinham sido expostos aos cartões com termos ligados a velhice e outros não – foram convidados a caminhar por um longo corredor até a saída. Nesse momento, começava o verdadeiro experimento.

A caminhada pelo corredor foi cronometrada e descobriu-se um efeito notável. Os integrantes dos grupos com cartões citando velhice – *artrite, Flórida, esquecido* – andaram mais devagar.

eles

andaram

mais

devagar

A sugestão da velhice – apenas a mera ideia, processada no nível inconsciente – levou a uma resposta automática que fez com que aquelas pessoas manifestassem o comportamento físico dos idosos.

Esse é o chamado Efeito Flórida e, embora os resultados continuem sendo debatidos, indica que talvez nossa noção de livre-arbítrio não seja nem tão livre, nem sempre tão relacionada à nossa vontade, mas, em vez disso, pode ser uma resposta a algum estímulo à nossa volta, ao nosso ambiente físico e psicológico, ao modo como o nosso mundo é apresentado por meio da linguagem.

Uma resposta a uma história.

No livro *O rastro dos cantos*, Bruce Chatwin discute a crença dos koori (aborígenes australianos) a respeito dos jovens que saem para a caminhada ritual: seu mundo vem a ser o que entoam em palavras. As canções tribais aprendidas quando estavam no colo de sua mãe, e outras cantigas mais sagradas ensinadas por seus pais nas rodas de Corroboree, são entoadas e murmuradas enquanto os iniciados seguem seus versos. Com as palavras que cantam vêm imagens, e novas paisagens ancestrais surgem na mente; o sonho torna-se a realidade, a palavra torna-se mundo.

Chatwin também nos lembra que os antigos egípcios acreditavam que a sede da alma está na língua. Usando a língua como leme e as palavras como remos, vamos percorrendo nosso caminho através das águas até o nosso destino. Desde a antiga teologia até a psicologia contemporânea, nossas palavras moldam nossa história e essa história se torna o referencial para nossos comportamentos; por sua vez, nossos comportamentos determinam a maneira como conduzimos nossa vida e como dirigimos nossas organizações.

Richie McCaw diz a Greg McGee que sempre teve um caderno no qual documentava seu trabalho, compondo um acervo de afirmações, mantras, bilhetes para si mesmo, lembretes, exortações, expectativas, âncoras e palavras de ordem:

"É preciso ser positivo e manter a firmeza com os rapazes quanto ao que estamos fazendo."

"A chave é a condição física."

"Manter uma mentalidade positiva sobre como iremos jogar."

No dia do jogo, as primeiras palavras no caderno de McCaw são sempre as mesmas: "começar de novo". São um lembrete de que é preciso novamente se provar, hoje. Para McCaw, se não estiver escrito, não é real.

A verdade é que não somos nós que contamos histórias; são as histórias que nos contam.

Nossas narrativas formatam e estruturam nossa vida, tornando-se o prisma por meio do qual percebemos e vivemos. Ira Glass, apresentador de um programa de rádio nos Estados Unidos chamado *This American Life*, expressa essa verdade com perfeição: "Grandes histórias acontecem para quem as conta". E vice-versa.

Isso é verdadeiro tanto para pessoas como para organizações.

A dra. Pamela Rutledge, diretora do Media Psychology Research Centre, afirma:

> Histórias são como pensamos. É com elas que damos significado à vida. Podemos chamá-las de esquemas, roteiros, mapas cognitivos, modelos mentais, metáforas, narrativas. Histórias são como explicamos o funcionamento das coisas, como tomamos decisões, como as justificamos, como convencemos os outros, como entendemos nosso lugar no mundo, como criamos nossa identidade e como definimos e ensinamos os valores sociais.

Isso tem uma relevância especial para as lideranças dos nossos tempos, como diz John Kotter, o guru de mudança cultural e antigo professor na Harvard Business School:

> Aprendemos – e mudamos – melhor quando ouvimos histórias que nos tocam [...]. Os ocupantes de cargos de liderança que não percebem ou não se utilizam do poder das histórias correm o risco de fracassar em sua empresa ou em sua vida pessoal.

A linguagem que empregamos se instala profundamente em nós e se transforma em ação, portanto, é de fundamental importância que a respeitemos, moldemos e apliquemos de maneira estratégica. O cineasta Robert Rodriguez certa vez escreveu que o primeiro passo para se tornar um diretor de Hollywood é fazer um cartão de apresentação com a palavra "diretor" impressa logo embaixo do seu nome. A Apple nasceu para inscrever uma "marca no universo" e conseguiu. Richie McCaw se propôs a se tornar um Grande All Black.

Em sua caminhada rumo à Copa do Mundo de Rugby de 2011, os All Blacks definiram um desafio interno: "Ser o melhor time de rugby que já existiu".

Whāia te iti kahurangi; ki te tuohu koe, me he maunga teitei.

Mire a nuvem mais alta; se você não a alcançar, pelo menos atingirá uma montanha elevada.

Não tinha nada a ver com se vangloriar; muito pelo contrário. Era para o time o equivalente ao G. A. B. – a nuvem mais alta, o padrão final, aquilo que Jim Collins chamaria de um Grande, Arriscado e Audacioso Objetivo.

"Acabou se tornando uma parte natural do que fazíamos", disse Graham Henry, "de modo que as expectativas de todo mundo naquele grupo eram as mais altas. E eles falavam e andavam desse jeito".

Sean Fitzpatrick recomenda a suas plateias: "Comparem-se com os melhores do mundo. Sem dúvida".

Acolha as expectativas

Aceitando nosso medo de fracassar, podemos aperfeiçoar nosso desempenho, usando uma saudável aversão à derrota para nos motivar. Nesse mesmo sentido, vale a pena alçarmos os olhos se o que esperamos é ser de alta classe. Para isso, criamos uma narrativa de ambições extremas, até mesmo irreais. Não importa se é verdadeira, razoável ou possível. O que importa é que a coloquemos em prática. Assim, elevamos ao máximo nível nossos parâmetros internos e os do time. Líderes inspiradores usam metas audaciosas e inclusive irreais para elevar seu jogo e o poder da narrativa para "que venha a existir o mundo de que estamos falando". Esses líderes contam grandes e épicas histórias sobre o que é possível para si mesmos e para seus times, e em pouco tempo o mundo está contando essa mesma história para eles.

Kia whakangawari au i a hau.

Preparemo-nos para o combate.

Preparativos

Ko te piko o te māhuri, tērā te tupu o te rākau.
O jeito como cresce o broto da planta determina
como cresce a árvore.

TREINE PARA VENCER
Pratique sob pressão.

Rua Shepherd, Bowral, Nova Gales do Sul, Austrália, 1915

Um esporte diferente, outra lição.

Um menino está jogando críquete sozinho no quintal. O som da bola batendo no bastão se propaga pela vizinhança, atingindo os bangalôs desgastados pelas intempéries daquela cidade australiana, igual a tantas outras.

O bastão é de críquete. A bola é a usada no golfe.

O menino joga a bola contra uma parede curva, corrugada. Toda vez que faz isso, a bola sai voando num ângulo diferente, aleatório. Às vezes ele corta; em outras, bloqueia. De vez em quando, continua o movimento. Porém, ele bate na bola todas as vezes. Todas as vezes.

O menino faz isso todas as manhãs, todas as tardes, todos os dias, todos os anos, durante uma década. Em seu primeiro jogo defendendo a escola local, aos 12 anos, ele marca 115 pontos, sem perder nenhuma tacada. No jogo de volta, o capitão do seu time tira o menino de campo quando ele já acumulava 72 pontos. Na terceira partida, o capitão do time adversário se recusa a entrar em campo com a equipe se o menino for convocado.

Alguns anos depois, durante sua primeira temporada no clube de críquete, o menino marca 995 pontos em apenas nove voltas. Em 1927, participa de sua primeira partida da primeira divisão.

No ano seguinte, joga na seleção nacional. Vinte anos mais tarde, aposenta-se com uma média de 99,94 pontos em partidas oficiais; por pouco não atingindo a extraordinária média de 100 pontos.

O nome desse menino era Donald Bradman, o melhor esportista de todas as gerações.

Bradman aprendeu seu ofício nas vielas de Bowral, jogando uma bola de golfe contra uma parede corrugada e rebatendo com um taco de críquete.

Seu teste foi esse treinamento.

"Treine com intensidade para desenvolver a mentalidade da vitória", é o que ensinam os All Blacks. Essa metodologia é chamada de Treine para Vencer, e Graham Henry a descreve como um dos principais pilares que impulsionaram o time até a vitória na Copa do Mundo de 2011.

Segundo Wayne Smith, "falamos de liderança e de expectativa, de um ambiente de aprendizagem e coisas desse tipo. Estávamos enfrentando pressão [...] e isso implicava uma boa dose de simples biologia cerebral e de como o cérebro funciona sob condições de estresse, de como a pessoa lida com o estresse. Do ponto de vista de tomar decisões, os treinos teriam de ser mais duros do que o próprio jogo. Por isso, experimentamos, como princípio geral, jogar problemas para eles – acontecimentos inesperados –, para forçar o time a resolvê-los".

Como a parede corrugada de Bradman.

Patrick McKendry descreveu, no *New Zealand Herald,* como era o treino final completo antes de uma partida dos All Blacks:

> Os treinos de quinta-feira são só de intensidade. Os jogadores não param por causa de erros que tenham cometido. O que é um raciocínio muito acertado, já que os adversários também não param por erros dos All Blacks – ao contrário, eles tentam tirar vantagem disso –, portanto, eles devem treinar desse jeito.

"Queríamos reproduzir as condições de jogo", Smith explica. "Eu costumava pressionar Jimmy Cowen (médio-*scrum*) dizendo que, no treino, eles pontuariam contra ele [...] a ideia era reproduzir o que de fato aconteceria em campo". E completa: "Quando passamos a jogar todo tipo de problema para ser solucionado pelos jogadores, criando situações aleatórias, constatamos que estávamos criando um melhor aprendizado no longo prazo. Se você não está indo além do que consegue normalmente, então não está aprendendo muita coisa [...]. Não faz sentido amenizar os desafios".

> A intensidade dos preparativos – "treinar para vencer" – condiciona o cérebro e o corpo a reagir sob pressão e torna automático o desempenho máximo. Com isso, você desenvolve a mentalidade necessária para vencer.

Arnold Schwarzenegger chama isso de *reps*. "Não existem atalhos", ele afirma em *Arnold Schwarzenegger – A inacreditável história da minha vida*, sua autobiografia. "Foram centenas ou mesmo milhares de repetições até eu aprender a ficar na pose perfeita de halterofilista, expondo três quartos das costas, a dançar tango no filme *True Lies*, a fazer um lindo cartão de aniversário e a dizer *'I'll be back'* do jeito certo [...]. Seja o que for que você faça na vida, faça repetições [*reps*] ou 'quilometragem'."

E o melhor tipo de prática implica intensidade, implica sair da própria zona de conforto, ir mais além do que você normalmente consegue. A frase que mais se ouve entre os All Blacks é: "Se você não está crescendo para algum lado, não vai chegar a lugar nenhum".

> No mundo dos negócios, em geral o treinamento é considerado uma opção fácil e se limita a um dia fora do expediente. No entanto, o treinamento eficiente é intenso, regular e repetitivo. Para se obter resultados de primeira qualidade, isso deveria ser um fator central na cultura da empresa.

Muhammad Ali disse: "A luta foi ganha ou perdida bem longe do olhar de testemunhas. Isso aconteceu nos bastidores, no ginásio, na estrada, muito antes de eu dançar sob os holofotes".

Quando era técnico do time japonês de patinação de velocidade, nos anos 1990, o dr. Izumi Tabata reparou que treinos curtos e intensos eram tão eficientes para aumentar a capacidade anaeróbica e o VO_2 max, os dois principais indicadores de preparo físico, quanto sessões mais prolongadas e leves. Um grupo de teste, realizando atividades em períodos curtos e intensos, aumentou sua capacidade anaeróbica em 28% e o VO_2 max em 15%; em comparação, um segundo grupo que seguiu o modelo mais tradicional de treino só aumentou seu VO_2 max em 10%, além de não ter registrado melhora na capacidade anaeróbica.

Enquanto isso, o Departamento de Cirurgia do Beth Israel Deaconess Medical Centre, um hospital-escola na cidade de Nova York, desenvolveu o que chamam de Top Gun Laparoscopic Skills Shoot-Out, um videogame interativo, baseado em intensidade, para treinar novos cirurgiões. Os novos especialistas em laparoscopia que passavam três horas por semana treinando com esse videogame cometeram um terço a menos de erros e realizaram as operações 25% mais depressa do que os médicos que não passaram pelo mesmo treinamento.

> **Treinar com intensidade acelera o crescimento pessoal.**

Naturalmente, treinos de intensidade não são nenhuma novidade – organizações militares vêm desfrutando de seus benefícios há milênios, desde os programas espartanos da Antiguidade até o atualmente temido Fartlek Hill, como é chamado o curso de treinamento para fuzileiros navais da Marinha dos Estados Unidos, em Quantico, na Virginia.

No século 18, Alexander Vasilyevich Suvorov defendia "o treinamento constante, progressivo e repetitivo sob condições que gradualmente se aproximem das de um combate genuíno". Um elemento essencial em seu esquema de treinamento era um exercício chamado *skvoznaia ataka* (ataque através). Mil homens desferiam um ataque de um lado contra mil do outro, em certo ritmo e com determinado propósito. Homens e cavalos eram feridos, alguns inclusive chegavam a morrer, mas o exercício continuava sendo repetido.

Suvorov acreditava que era melhor alguns poucos homens morrerem no treino do que todos perderem uma batalha.

O método funcionou. Ele nunca foi derrotado.

No início dos anos 1970, a Força Aérea dos Estados Unidos montou o programa Exercise Red Flag [Exercício Bandeira Vermelha]. Alguns analistas tinham descoberto que, após dez missões de combate concluídas com êxito, o índice de sobrevivência dos pilotos aumentava significativamente. A intensidade dos combates ao vivo, ao que parece, é inestimável, bem, para combates ao vivo. O Red Flag, situado na base Nellis da Força Aérea, em Nevada, simula situações de combate aéreo realista em grande escala. O ex-piloto da equipe Red Arrows Justin Hughes diz: "Você está tentando exercitar tomadas de decisão em ambientes altamente estressantes. É um *role-playing* pra valer. Provavelmente o treino dura uma semana inteira – dias e noites –, e os caras não dormem à noite [...] e, porque treinamos muito e tão bem, temos chances de ser melhores do que os outros".

Não é nos aspectos físicos que os All Blacks foram pioneiros, mas nos psicológicos, recorrendo à aleatoriedade, à imprevisibilidade e a questionamentos constantes, combinados com ritmo e contatos físicos, a fim de estressar o cérebro e testar a capacidade de tomar decisões. Gilbert Enoka explica: "É uma questão de agir sob pressão em campo". E, para mostrar desempenho sob pressão quando é preciso, é necessário treinar desse jeito.

Assim, quando fazemos pra valer, a resposta vem automaticamente. Nem pensamos: apenas fazemos. Temos clareza. Precisão. Intensidade.

Treinar para vencer.

No início de 2010, Gilbert Enoka contratou os serviços da Gazing Performance System, representada por Ceri Evans e Renzie Hanham, dois homens com entendimento tanto teórico como prático de como o cérebro funciona sob pressão.

Evans, faixa preta de caratê e antigo Rhodes Scholar, com 56 *caps* para o time de futebol da Nova Zelândia, é um psiquiatra forense que desenvolveu a metodologia atualmente empregada pela Gazing para ajudar organizações a melhorar seu desempenho. Hanham tem representado o país em torneios de caratê e trabalhado como *coach* de diversas organizações, além de times de nível olímpico. No âmbito internacional, a Gazing tem como clientes empresas do porte da Xerox, da Avis e da UPS, em projetos para lidar com pressão, visando melhoras de *performance* e entrega de resultados.

Juntamente com Henry, Enoka, Smith e Hansen, o treinador Nick Gill e o Grupo de Liderança dos jogadores, no início de 2010, Evans e Hanham formaram o Mental Analysis and Development Group [Grupo de Análise Mental e Desenvolvimento] com o objetivo de enfrentar o problema da pressão: o que é, o que causa e o que eles podem fazer a respeito. Para facilitar, abreviaram o nome do grupo para MAD.

"Simplesmente saber como o cérebro reage ao estresse foi um primeiro passo muito importante", avalia Henry. "O que os jogadores fazem, por que se sentem do jeito como se sentem."

Embora prefiram não revelar dados específicos sobre o trabalho que Evans e Hanham fizeram com os All Blacks – "uma parte disso é clínica" –, Bede Brosnahan, da Gazing, se prontificou a comentar como alguns recursos, técnicas e metodologias que usam com times de elite podem ser aplicados no mundo empresarial.

Segundo Brosnahan, "o trabalho que realizamos é todo em torno do controle da atenção". Ele diz que, em situações de pressão, é muito fácil para a consciência "se afastar de um estado dotado de recursos para outro, privado de recursos", de uma situação de calma e clareza mental, de força interior, para outra condição que ele chama de "pensamento defensivo".

Não há quem não tenha passado por isso: aquela sensação de janelas se fechando, de horizontes se estreitando, de estarmos atravessando um corredor que fica mais apertado à medida que o tempo passa e de onde parece não haver escapatória. Brosnahan afirma que, nesse estado, estamos pensando em nossa sobrevivência. É formado um "circuito fechado de conteúdo negativo" e nossas percepções geram o sentimento de que estamos assoberbados, tensos, travados. Por sua vez, esse estado dá origem a comportamentos que não servem para nada: agressão explícita, travamento, pânico. Deixamos que a situação nos domine. Tomamos más decisões. E travamos.

Segundo o jargão da Gazing, estamos HOT.

Bravos (*heated*), descontrolados (*overwhelmed*), tensos (*tense*). Chamam isso de Cabeça Quente.

O oposto eles chamam de Cabeça Fria.

Nesse estado, predomina a capacidade de manter a clareza mental, de ter consciência da situação, de fazer uma análise precisa e conseguir tomar boas decisões sob pressão. Esse é um estado favorável, em que somos capazes de confiar em nós mesmos para entregar o resultado necessário, ser flexíveis, adaptáveis e plenamente competentes. Somos capazes de ver tanto o contexto geral como os detalhes importantes, e nossa atenção está onde deveria estar. Ter Cabeça Fria significa que seguimos na tarefa que temos pela frente em vez de nos distanciar dela, e, no jargão da Gazing, podemos agir [ACT]:

A. Alternativas   avaliamos nossas opções, nos adaptamos, ajustamos e superamos

C. Consequências entendemos a proporção risco/recompensa e avaliamos com precisão o que é necessário

T. Tarefas permanecemos na tarefa e executamos a tática e a estratégia

Exibir um desempenho adequado sob pressão é saber como agir. Nas palavras de Bosnahan, significa "permitir-se vencer, acompanhando o processo em vez de se deixar enredar na ânsia de resultados".

Henry lembra que "a capacidade de lidar com a pressão foi fundamental". Gilbert Enoka acrescenta: "A pressão é um privilégio", pois significa que você está jogando no nível mais elevado. E Brosnahan vai mais além quando diz que, "para uma organização realmente ser de primeira linha, isso vai implicar uma enorme pressão, e pressão é uma coisa boa".

Para ele, a questão é que a maioria das organizações não foca um programa de treinamento de resistência mental. As empresas "preferem ir atrás do acerto único, o que não é realista": uma sessão de treinamento, um dia fora do expediente, alguma palestra motivacional, mas nada contínuo e progressivo. São poucas as empresas que promovem o desenvolvimento no longo prazo, que têm um programa de melhorias.

Segundo o técnico de basquete Bobby Knight, "a maioria das pessoas tem vontade de vencer, mas poucas têm vontade de se preparar para vencer". No entanto, assim como o preparo físico, a resistência mental resulta de um programa de condicionamento de longo prazo.

Em matéria na revista *Real Estate Business*, Gilbert Enoka comenta que "é uma loucura porque, se você quer aumentar a força, você vai para a academia e treina três vezes por semana. Então, se você quer desenvolver sua capacidade de se concentrar, focar e ser flexível em sua atividade, do ponto de vista mental, não seria o caso de adotar a mesma abordagem?".

"Se você considera que o condicionamento físico, os conhecimentos técnicos e as considerações táticas constituem três pernas do banquinho, ele não fica equilibrado a menos que você também tenha força psicológica", resume Wayne Smith para o escritor Gregor Paul.

Segundo Brosnahan, em sua forma mais simples, a abordagem da Gazing ao treinamento consiste em uma "escada de habilidades". Começa com um trabalho para aperfeiçoar a técnica e aumentar a intensidade e, só depois, introduzir pressão de verdade. Um exemplo cotidiano poderiam ser os preparativos para um discurso. Primeiro, lemos bem o texto, talvez ensaiando na frente do espelho até conseguir uma boa fluência com as palavras; depois convidamos alguns amigos para assistir ao nosso ensaio – o que já aumenta a pressão – e então, por fim, introduzimos a pressão emocional de verdade, usando por exemplo uma câmera de vídeo, ou alguém que faça perguntas hostis, apostando quantas vezes vamos gaguejar, impondo um limite de tempo impossível de cumprir...

É desse modo que nosso cérebro se acostuma com a pressão. Desenvolvemos clareza e uma execução automática mais precisa, com mais consciência da situação.

Todavia, a ideia é não exagerar cedo demais. Um excesso de pressão, se aplicado prematuramente, nos deixará perdidos, desorientados, estimulando justamente as emoções que estamos treinando para evitar.

Portanto, nosso foco recai sobre a técnica, depois a intensidade aumenta, e então incluímos a pressão. Antes de terminar, reduzimos a intensidade e novamente focamos a técnica, como se estivéssemos na fase de desaceleração na academia. E ficamos repetindo esse procedimento até que se torne automático.

A técnica é então poderosamente assimilada, e encerramos o processo com a sensação de estarmos no controle. O objetivo é proporcionar ao nosso desempenho mental o que a programação neurolinguística chama de *competência inconsciente*, e o que os All Blacks chamam de *clareza*.

Henry diz: "Quando Smithy fala de intensidade e precisão, estamos falando de um processo de clareza, de jogar com intensidade e precisão, e não 'porra, a gente tem de ganhar esta partida. Dá uma olhada no placar, estamos nesse maldito empate em 8-8, assim não vai dar!'. Aí é quando você fica travado e congela, ou exagera, não confia nos companheiros, toda essa história".

Como diz Andrew Mehrtens: "é uma questão de chegar a um equilíbrio entre permanecer lúcido e ao mesmo tempo motivado. Chega um ponto em que você pode ficar acelerado demais e perder a lucidez e a capacidade de ler a situação para tomar uma boa decisão".

O termo "automático" vem do grego *automatus*, e significa "o que pensa por si". Não é um conceito muito distante do de pensar por si mesmo ou da ideia de autonomia e responsabilidade pessoal implícita na frase "pessoas melhores dão melhores All Blacks". Treinando com intensidade, tornamos nosso desempenho mais automático, mais capaz de permanecer na tarefa. Se conseguimos controlar nossa atenção, evitando a Cabeça Quente e ficando de Cabeça Fria, podemos focar em controlar as coisas que podemos controlar, sem nos preocupar com o que está além do nosso controle.

Podemos ficar no momento.

Podemos liderar com clareza.

Treinar para vencer

A maestria em alguma coisa – seja um esporte, uma habilidade, um ofício, um negócio – é alcançada com a prática. A prática é reforçada pela intensidade. Pesquisas têm demonstrado que tanto nosso corpo como nossa mente respondem de maneira positiva a um regime de aprendizagem intensa e acelerada, o que resulta em melhorias acentuadas e um diferencial competitivo. Os All Blacks adotam o poder da intensidade quando *treinam para vencer*, trabalhando com situações aleatórias e desafios inesperados a fim de recalibrar a tolerância dos jogadores a situações de alta pressão.

O objetivo desse trabalho é garantir mais clareza e precisão diante de circunstâncias estressantes, e promover a habilidade de dirigir a atenção para o momento presente e para a tarefa que tem de ser executada. Líderes inteligentes utilizam a intensidade para se desafiar e desafiar suas equipes, e também para aumentar a competência e a capacidade de todos. Da mesma maneira como exercícios corporais básicos são indispensáveis para o condicionamento físico, o treinamento psicológico básico é essencial para desenvolver a resistência e a resiliência mental.

Tangata akona ki te kāinga,
tūngia ki te marae, tau ana.

A pessoa que é educada em casa
se portará com confiança na comunidade.

IX

Pressão

> *Te tīmatanga o te mātauranga ko te wahangū,*
> *te wāhanga tuarua ko te whakarongo.*
> O primeiro estágio da aprendizagem é o silêncio;
> o segundo é escutar.

MANTENHA A CABEÇA FRIA
Controle sua atenção.

Nova Zelândia × França, Cardiff, 6 de outubro de 2007

No início, o jogo estava a favor dos All Blacks. Na virada para o segundo tempo, os franceses perdiam por 13-3. Então, tudo começou a dar errado.

Quando o juiz apitou o fim do jogo, Les Bleus[1] estavam à frente: 20-18.

---

1. Les Bleus, os Azuis, como é chamada a seleção francesa de rugby. [N. E.]

Fim de linha. Os All Blacks tinham sido derrotados nas quartas de final e estavam fora da Copa do Mundo de 2007.

Anton Oliver lembra-se que "o vestiário parecia uma terra de ninguém. Um clima de desolação, de decadência, um cheiro de – não quero fazer drama – morte, sabe?".

A pressão tinha sido demais.

Os All Blacks tinham travado.

De novo.

Suvorov certa vez escreveu: "Um minuto basta para decidir o desfecho de uma batalha. Uma hora, para o de uma campanha. Um dia, para o destino de impérios".

Os críticos de poltrona disseram que os All Blacks só precisavam ter se reorganizado, avançado e chutado para os postes. Em vez disso, nos últimos minutos da partida, o time preferiu tentar o *try*. Foi a escolha errada, fruto de uma tomada de decisão sob pressão, de confusão, de falta de liderança, e não de clareza de ideias.

E custou ao time o título de campeão do mundo.

"Pressão é expectativa, escrutínio e consequência", afirma Gilbert Enoka. "Sob pressão, sua atenção tanto pode ser desviada como você pode conseguir manter o foco. Se você se distrair, terá uma conduta emocional negativa, nada construtiva. Isso quer dizer que você travou, que está dominado".

Por outro lado, se você mantiver o foco, tem consciência da situação e pode apresentar um desempenho preciso. Você tem clareza, se adapta e supera os obstáculos.

Com certeza, os All Blacks não foram o primeiro time a travar.

O golfista Greg Norman ficou famoso, no Masters de 1986, por ter perdido totalmente o controle e perdido, no último dia, mesmo tendo uma vantagem de seis buracos.

Em 1951, o Brooklyn Dodgers tinha uma vantagem de treze vitórias no final de agosto quando deixou o New York Giants alcançá-lo ao fim da temporada. O Giants ficou célebre ao vencer a final dos *playoffs* completando a nona entrada (*inning*), rebatida por Bobby Thompson, após passar por três bases.

Essa foi uma jogada histórica.

Enquanto isso, o time inglês de futebol teve sucesso em apenas 17% de seus lances de pênalti, comparado com o índice de 83% da Alemanha. Como disse o antigo jogador inglês Gary Lineker, "o futebol é um jogo de 90 minutos e, no fim, vence a Alemanha".

Sem sombra de dúvida, em qualquer esporte que se pratique com o corpo, é a mente que importa.

"Acho que a maioria dos esportistas que não são de elite vai concordar que a chance de se atrapalhar é muito maior quando se está diante de um momento decisivo, que pode mudar sua vida", comenta no noticiário do Canal 4 Matthew Syed, autor de *Salto – A ciência explica Mozart, Federer, Picasso, Beckham entre outros sucessos*. "Você está na entrevista de emprego que vai definir sua contratação e começa a falar sobre a mulher dos seus sonhos [...]. Isso aconteceu comigo. De repente, eu não estava mais conseguindo pôr em prática as habilidades que tinha construído durante a minha vida inteira."

Syed estava competindo nos Jogos Olímpicos de Sydney como mesa-tenista quando se deu conta de que mal conseguia rebater a bola. "Em vez de só agir, usando a parte inconsciente do cérebro, que é muito eficiente para realizar tarefas complexas, [as pessoas que travam] exercem um controle consciente e isso atrapalha o fácil funcionamento do inconsciente."

> **Más decisões são tomadas não devido à falta de uma habilidade ou da capacidade inata para fazer avaliações, mas em decorrência da incapacidade de lidar com a pressão num momento crítico.**

É o que o instrutor de tênis Nick Bollettieri chama de *efeito centopeia*. Se a centopeia tivesse de pensar em como movimentar as pernas na ordem certa, não sairia do lugar, diante do gigantismo e da complexidade da tarefa. É a mesma coisa com os seres humanos.

> **CABEÇA QUENTE**
> Tenso, inibido, preocupado com resultados, ansioso, agressivo, compensa exageradamente, desesperado.
>
> **CABEÇA FRIA**
> À vontade, expressivo, presente no momento, calmo, claro, preciso, envolvido na tarefa em andamento.

O sujeito de cabeça quente é o que Suvorov chamou de Escuro: ele está preso a um circuito negativo fixo de autocondenações, rigidez, agressões, isolamento e pânico. O de cabeça fria é o que ele chamava de Luz: predomina um estado de calma profunda em que o sujeito está concentrado na tarefa em questão, focado, sendo competente em sua execução, com autocontrole e fluidez. Esses estados ocorrem no ambiente militar, no mundo dos esportes, nos negócios.

No calor da batalha, a diferença entre as inibições do cabeça quente e a liberdade do cabeça fria reside na maneira como controlamos a atenção.

Funciona assim: direcionamos nossa mente para onde nossos pensamentos nos levam; nossos pensamentos provocam emoções; a emoção define nosso comportamento; nosso comportamento define nosso desempenho. Portanto, em suma, se pudermos controlar nossa atenção e, por conseguinte, nossos pensamentos, poderemos administrar nossas emoções e melhorar nosso desempenho. O que é mais fácil de dizer do que de fazer.

Zonas típicas de pressão são aqueles momentos de "fogo alto":

- quando alguma coisa importante está em jogo;
- quando é acionada a lembrança de experiências prévias traumáticas;
- onde existem conflitos, agressões, disputas, discórdias;
- quando há prazos, horários apertados, urgências;
- onde há estimulação intensa e distração.

Em situações como um prazo impossível de cumprir no trabalho ou os últimos segundos de uma etapa eliminatória na Copa do Mundo de Rugby, como controlar a atenção? Como nos manter focados no presente? Capazes de usar nossos recursos? Concentrados apenas na tarefa imediata?

Como evitar a cabeça quente e ficar de cabeça fria?

Como ressalta Wayne Smith, "mudar o estado mental é algo realmente crítico". Para Graham Henry, esse foi um dos principais fatores do triunfo de seu time. Ele diz: "Ter condições de passar da cabeça quente para a cabeça fria, e de ficar assim, foi muito importante no esquema geral das coisas".

Nas palavras de Gilbert Enoka: "penso que qualquer um em nosso ramo que observa desempenhos e progressos [...] [concorda que] é só uma questão de mudar o estado mental [...] e garantir que você consiga ficar com a cabeça no lugar".

Para Richie McCaw, trata-se de evitar o que ele descreve em *The Real McCaw* como "lutar, fugir ou travar". Ele diz que o jogador quer evitar as "imagens ruins de experiências passadas ou o medo das futuras consequências". De acordo com a programação neurolinguística, seu "sistema representacional preferido" – quer dizer, o modo como ele processa e retém informação – é predominantemente visual. Em vários pontos do texto de *The Real McCaw*, o jogador usa consistentemente descritores visuais para falar sobre seus sintomas de estresse: "emprego a maior força de vontade do mundo para manter afastadas as imagens ruins"; "eles estão vendo o que tenho de melhor".

Ao reconhecer o elemento desencadeante – as imagens ruins – e controlar sua atenção – "manter afastadas as imagens ruins" –, McCaw consegue permanecer no presente, preservar a clareza de ideias, continuar preciso e focado na tarefa imediata.

Para algumas pessoas, o gatilho pode ser de natureza auditiva. Pense na reação de um veterano da guerra no Iraque que sofre uma crise de distúrbio de estresse pós-traumático porque o carro faz um barulho explosivo e o motor "morre". Para outras, será mais um elemento cinestésico, como a sensação de entrar numa sala lotada, ou olfativo, como os bolos madeleine para Marcel Proust. Na realidade, embora cada um de nós tenha seu sistema representacional predominante, todos temos entranhados em nós os demais gatilhos auditivos, cinestésicos, olfativos e visuais. O truque está em reconhecer quando foram acionados em nosso cérebro e quando surtiram um efeito negativo.

Temos de reconhecer as "bandeiras vermelhas", os "sinais de alerta", nosso "sexto sentido". E então administrar nossas reações.

"Essencialmente, o cérebro tem três partes: instinto, pensamento e emoção", Enoka descreve para Gregor Paul, do *The New Zealand Herald*. "Invariavelmente, sob pressão, o sistema que trava é o do pensamento, e isso quer dizer que você vai depender de emoções e instintos, e não vai mais poder captar as dicas e as informações para tomar boas decisões." E ele acrescenta: "Se você se distrai mentalmente, então vai pôr a atenção no resultado e não na tarefa, e a capacidade para tomar boas decisões fica comprometida".

O livro *The Real McCaw* descreve o trabalho que Ceri Evans realizou com os jogadores e que os ajudou a se religar com o agora. Tal qual a meditação, começa com a respiração: "Respirando devagar e deliberadamente [...] desvie sua atenção para algo externo, como o chão sob seus pés, a bola em suas mãos, pode ser até ficar alternando os dedões dos pés ou prestar atenção na arquibancada [...] respire profundamente e use palavras-chave para sair de sua cabeça, encontrar um foco externo, regressar para o presente, recuperar a consciência da situação".

Esses procedimentos criam âncoras (veja o Capítulo VII) e servem a uma função específica. São projetados para trazer os jogadores de volta para o momento, para a clareza mental, para devolver-lhes a cabeça fria. Fica fácil perceber como essa técnica é aplicável a um ambiente empresarial, sempre sob pressão.

Essencialmente, funciona assim:

Em primeiro lugar, entramos num estado favorável: calmo, positivo, dotado de clareza. Então "ancoramos" esse estado por meio de um ato físico específico e que possamos repetir, algo incomum como estalar os dedos dos pés, bater um pé com força no chão, olhar ao longe sem focalizar nada, jogar água no rosto. Repetimos inúmeras vezes essa associação até que se torne automática.

Depois, quando reconhecemos sintomas de pressão – nosso foco mental se perde, a visão fica estreita, a frequência cardíaca se eleva, aumenta a ansiedade, ficamos nos sentindo constrangidos ou desajeitados –, podemos usar a âncora para retomar o estado favorável, retomar nosso eixo. Assim como o médico usa as pás do desfibrilador numa parada cardíaca, o "choque do reconhecimento" reativa nosso estado mais favorável e nos traz de volta para o momento presente.

Literalmente, é um momento de *re-conhecimento*: pensamos de novo. Quando não nos perdemos mentalmente, temos liberdade para avaliar, ajustar e agir; para nos realinhar com a tarefa imediata e com a melhor maneira de concluí-la.

Podemos agir em vez de reagir.

"O que os pilotos fazem quando perdem o controle do avião?", pergunta Bede Brosnahan, da Gazing, antes de ele mesmo responder: "Eles consultam o manual".

Ele acrescenta que isso é uma piada, mas é uma boa maneira de ancorar a metodologia da consultoria Gazing Performance Systems. Ele explica que a empresa cria "mapas" para os clientes, esquemas simples que esclarecem os problemas e fornecem um ponto de referência facilmente lembrado em situações de pressão.

"Os mapas impõem a clareza mental", ele afirma. "Você não pode incluir bobagens neles."

Brosnahan diz que, em domínios de alto desempenho, as pessoas têm os mesmos mapas, a mesma linguagem comum. Essa linguagem comum – seja ela um esquema, palavras, frases, mantras – instala a clareza mental. "Se você tem uma direção em que deseja ir, se pode descrevê-la de modo claro e sucinto, esse é seu ponto de partida", explica.

O mapa não é o terreno, mas sem dúvida ajuda quando você fica um pouco perdido.

Existem muitos níveis de mapa: os visuais mnemônicos, como os usados pela Gazing, o gatilho físico que McCaw descreve, palavras e mantras criados para devolver a pessoa ao momento presente.

> Mantras são modos de contar nossa história para nós mesmos; são ferramentas para pensarmos com eficiência, mapas mentais de percurso para atravessarmos momentos de pressão.

"Eu ainda consigo me lembrar deles", diz Anton Oliver, sobre os mantras que os All Blacks usavam no seu tempo: "TQB, *top-quality ball* [bola de alta qualidade]; OTG, *over the gain line* [além da *gain line*]; KBA, *keep the ball alive* [mantenha a bola viva]; LQB, *lightening quick ball* [bola rápida de alívio]. Garanta essas quatro coisas e vai dar tudo certo [...]. Esses foram nossos modelos para decifrar o jogo".

Originalmente, o termo "mantra" era usado para uma palavra, uma frase ou um som dotado do poder de transformar. Seu exemplo mais famoso é "om", o mantra da meditação que conduz os praticantes ao momento presente. Seu propósito não mudou: literalmente, os mantras são "instrumentos para pensar", um recurso prático para retornar ao agora.

Os pilotos de avião, por exemplo, têm um mantra para ajudá-los a lidar com o dilúvio de dados de voo que os invade durante uma crise:

Voe.

Navegue.

Comunique.

Ou seja, primeiro concentre-se em manter o avião voando; depois, leve o avião no sentido certo; em terceiro, informe as pessoas para onde está conduzindo o avião. Esse é um processo simples e prático que já salvou muitas vidas. Sua simplicidade permite que os pilotos se orientem e tomem as atitudes certas, na ordem certa, e lhes proporciona uma perspectiva abrangente, além de passos claramente definidos.

Por sua vez, paramédicos e esquiadores patrulheiros têm este mantra para enfrentar situações de socorro em emergências:

Avalie.

Ajuste.

Aja.

Ou seja, avalie a situação, ajuste seus procedimentos conforme a situação, proceda conforme essas informações.

Também aqui, esse processo produz clareza de ideias e certeza, sem que percam a noção da urgência.

O que muitos mantras têm em comum é a Regra do Três, três palavras ou frases que funcionam juntas num processo sequencial que resulta em mudança.

A Regra do Três é como os humanos contam histórias: com começo, meio e fim. Podemos encontrar esse modelo em peças teatrais de três atos, em piadas sobre "um inglês, um irlandês e um escocês", na retórica de um orador – "*Ein Volk, ein Reich, ein Führer*", de Adolf Hitler –, ou nos votos de "vida, liberdade e busca da felicidade", assim como no provérbio maori *Titiro, whakarongo, kōrero* (olhe, ouça, depois fale).

Valendo-se dessa estrutura de três pontos, os mantras criam uma forte cadeia linguística de eventos por meio da qual a pessoa sai do caos, encontra a clareza e parte para a ação.

Automaticamente.

O controle de nossa atenção – por meio de âncoras, mapas e mantras – tem como propósito nos devolver ao agora. Em vez de "e se", tornamo-nos então capazes de lidar com "o que é".

Em vez de "e se ficarmos sem recursos?", podemos nos perguntar "qual é o melhor jeito de usarmos nossos recursos?". Em vez de "e se eu não ganhar o contrato?", podemos perguntar "o que posso fazer para ganhar o contrato?".

Como disse Gilbert Enoka, mapas e mantras nos permitem "enfrentar a pressão com pressão", ou seja, em vez de nos deixarmos abater por ela, podemos nos servir dela. Quando controlamos nossa atenção, controlamos nosso desempenho e, controlando nosso desempenho, controlamos o jogo.

Agora, aceleremos no tempo, de 2007 em Cardiff até 2011 em Auckland, de uma quarta de final da Copa do Mundo de Rugby para a final da Copa do Mundo, de um time tomando o rumo da derrota para um time a caminho da vitória.

São os mesmos dois times em campo: Nova Zelândia e França. O jogo está tão difícil quanto o outro, mas, dessa vez, a Nova Zelândia lidera por um ponto.

Os jogadores leem a linguagem corporal.

Richie McCaw respira, segura o punho, bate o pé com força no chão e se reconecta consigo mesmo; imediatamente, volta para o momento presente. Ele olha à sua volta. Ninguém de olhar vidrado e perdido no espaço agora. Ninguém mais parecendo um zumbi.

Brad Thorne joga água na cabeça e refresca as ideias. Kieran Read lança o olhar para a beirada mais distante do campo a fim de recuperar sua perspectiva.

A Nova Zelândia, estádio de quatro milhões de pessoas, está menos calma. Os temores lançam longas sombras negras. Os espectadores não conseguem evitar as imagens ruins. Todos eles estão de cabeça quente, mas os All Blacks estão de cabeça fria.

O cronômetro vai baixando lentamente a contagem do tempo de jogo até que, por fim, soa o apito final.

Nova Zelândia, 8-7.

"Acabamos com a raça deles", declara Graham Henry.

E, na mente deles, acabaram mesmo.

Manter a cabeça fria

Pressão é "expectativa, escrutínio e consequência". É a cortina que desce, as janelas que se fecham, a névoa vermelha que sobe. A pressão provoca tensão, pânico, agressão exacerbada, a pessoa trava – e toma más decisões. Líderes competentes buscam entender como o cérebro reage ao estresse e praticam técnicas simples, quase meditativas, para permanecer calmos, no controle, com as ideias claras. Usam mapas, mantras e âncoras para seguir cruzando suas águas e enfrentar situações de alta pressão, tanto pessoais como profissionais, e então voltar para o momento presente. Dessa maneira, eles e suas equipes continuam com um desempenho de alto nível e no comando da situação. Essas técnicas podem nos retirar de um espaço volátil, incerto e ambíguo, e nos levar a uma condição de clareza de ideias. "Ideias claras, palavras claras, tarefa clara." Elas constituem a diferença entre a cabeça quente e a cabeça fria, entre as trevas e a luz, entre o fracasso e o sucesso.

Mā te rongo, ka mōhio;
Mā te mōhio, ka mārama;
Mā te mārama, ka mātau;
Mā te mātau, ka ora.

De ouvir vem o conhecimento;
Do conhecimento vem o entendimento;
Do entendimento vem a sabedoria;
Da sabedoria vem o bem-estar.

Autenticidade

Whakapūpūtia mai ō mānuka, kia kore ai e whati.
Reúna os galhos da *manuka* para que não se quebrem.

CONHECE-TE A TI MESMO
Seja real.

"Sempre falamos do 'eu real' em vez do 'eu fajuto'", declara Gilbert Enoka. "Se você entra nos All Blacks e sucumbe à pressão dos companheiros de time, fazendo coisas porque os outros querem que você faça, se você não mantém o próprio centro [...] acaba sendo desmascarado."

Enoka usa como analogia a ponte que é segura porque é feita de várias tábuas diferentes: habilidades pessoais, amigos, família, ser um All Black. "Se a única tábua que você tem é o rugby, então você sempre será uma tábua solta".

Ele explica como os All Blacks aprendem a se proteger da fragilidade mental: "Se você se casa com seu eu, com o ambiente, a cultura, os rituais, o legado, e coloca tudo isso junto, você realmente tece uma trama muito poderosa que, de fato, o ajudará a percorrer seu caminho. Talvez você vacile um pouco (quando as coisas derem errado), mas no fim não vai se partir em pedaços".

Pessoas melhores dão melhores All Blacks.

Conhece-te a ti mesmo.

Geralmente atribuída a Sócrates, essa máxima é de fato ainda mais antiga, tendo sido inscrita em uma câmara interna do Templo de Luxor, no Alto Egito.

O hieróglifo diz: "Homem, conhece-te a ti mesmo e conhecerás os deuses".

E, como diz o ditado, "para saber como ganhar, primeiro você tem de saber como perder". Para os All Blacks, para saber como perder, primeiro você tem de saber quem é.

Quando nos recusamos a nos deixar levar pelo clamor da torcida, a nos perder nas distrações do dia a dia, podemos conquistar a liberdade de seguir o nosso próprio caminho. Nas palavras de Enoka, "ser resiliente e se manter firme, com fé, e forte, centrado em si mesmo". E acrescenta: "Desenvolver seu eu autêntico é algo imensamente poderoso para o desempenho".

Essa é a essência do líder, sua base, seu *mana*.

Em seu consagrado livro *Autenticidade: o segredo do bom líder é ser fiel a seus princípios*, o professor Bill George, da Harvard Business School, afirma que a essência de um grande líder tem relação com "ser genuíno, verdadeiro e real sobre quem você é". Essa é a abordagem predominante nas trincheiras dos All Blacks.

Sobre McCaw, Enoka relata: "As pessoas perguntam como é que ele dá conta da vida pública, e ele responde que 'bom, é fácil porque o que você vê em público é exatamente o que eu sou na vida privada'".

Em entrevista para Pamela Hawley, Bill George disse: "A maioria dos líderes que fracassa padece de falta de uma identidade consistente; eles não acreditam em si mesmos e, para ser honesto, não se respeitam. Quando desrespeitam os outros, é porque desrespeitam a si mesmos".

> Os melhores líderes permanecem fiéis aos seus valores mais profundos. Eles lideram sua própria vida e os outros os seguem.

"Primeiro, precisamos identificar o sentido que está por trás de nossa vida", George ensina. "Os líderes devem pensar: 'Por que você está aqui? Qual é o seu propósito? Como posso usar meu tempo aqui?'."

Esse questionamento privado lembra as indagações de Buckminster Fuller: "Qual é a minha missão neste planeta? O que precisa ser feito, e sobre o qual sei alguma coisa, que provavelmente não acontecerá a menos que eu assuma essa responsabilidade?".

Voltando a Bill George, "acredito que a liderança seja, do começo ao fim, uma questão de autenticidade. Trata-se de ser quem se é, de ser a pessoa que você foi criada para ser". Adotar o estilo de outros líderes é o oposto da autenticidade.

Como disse Steve Jobs em seu agora famoso discurso aos formandos de Stanford, em 2005: "Seu tempo é limitado. Não se prendam a dogmas [...]. E, principalmente, tenham a coragem de seguir sua intuição e o que lhes pede seu coração. De alguma maneira, eles sabem o que vocês verdadeiramente querem se tornar. Tudo o mais é secundário".

Autenticidade é o oposto da *mauvaise foi*, ou má-fé, de Jean-Paul Sartre.

Má-fé é o resultado da combinação da pressão dos conhecidos e de forças sociais para nos obrigar a negar nossos próprios valores. Trata-se de uma concessão que fazemos à sociedade para sermos aceitos, em que "nos vendemos" psicologicamente e abdicamos de nossa liberdade e autoexpressão para nos identificarmos com a massa. O pior é que esse processo se interpõe entre o eu da pessoa e ela mesma, impedindo-a de conhecer sua verdadeira natureza, cauterizando seu *mana*.

Em *Essays in Existentialism*, Sartre cita o exemplo de um garçom cujo estilo de atendimento se tornou afetado, "rápido e adiantado, um pouco rápido demais".

Essa distância entre o eu e a autoprojeção, a realidade e a identidade, o trai, extraindo-o de seu verdadeiro propósito, isolando-o dos que estão a seu redor.

De outro lado, a autenticidade nos permite ser *autores* de nossa própria vida, nos autoriza a deixar nossa marca original e escrever nossa história de uma maneira que seja fiel a nossos valores.

Anton Oliver declara: "Quero levar uma vida autêntica, mas para isso é preciso primeiro que a gente saiba quem é. Precisa haver uma linha de base que nos sirva de referência constante".

O que começa com honestidade e integridade.

Primeiro, honestidade

"Na barriga, não nas costas", é como Gilbert Enoka descreve a capacidade de oferecer um *feedback* honesto. Owen Eastwood considera essa capacidade um pré-requisito para se criar um ambiente propício a *performances* de alto nível:

> A chave para uma interação forte entre parceiros é um alto nível de confiança. Estou me referindo à confiança no sentido de uma vulnerabilidade segura. Os líderes precisam criar um ambiente em que os indivíduos se conheçam como pessoas e entendam a história pessoal e o estilo de trabalho uns dos outros. Esse processo precisa contar com o apoio do líder, cujo comportamento

é um modelo de aceitação de erros, fraquezas e receios [...]. Isso é essencial para que haja conflitos e confrontos seguros, durante os quais em geral se desenrolam as interações mais importantes.

Anton Oliver diz que, "no começo, acho que não lidávamos muito bem com as derrotas. Era muito uma coisa de ficar apontando o dedo, todo mundo se isolava. Isso mudou bastante quando o time se tornou mais coletivo, quando passou a assumir por igual o peso da derrota, quando o compartilhou".

> Times de alta *performance* promovem uma cultura de honestidade, autenticidade e conflitos seguros.

"Gosto de assistir ao jogo junto com o time porque está tudo ali, bem à vista de todos", diz Andrew Mehrtens. "As jogadas que você errou estão ali pra todos verem, as coisas que vocês fez direito também [...]. Poder dizer ao outro jogador, e ser apenas um comentário objetivo, não um julgamento pessoal, algo do tipo: 'Você precisaria fazer isso pra me ajudar a dar conta da minha parte'. Ou ainda: 'O que é que posso fazer pra ajudar você no que tem de fazer?'".

Mehrtens diz que, quando você se torna capaz de agir assim, "acho que tem um bom time".

Depois, integridade

"Integridade" vem do latim *integritas*, que quer dizer "inteireza", o todo não dividido. É equivalente, em termos éticos, à "exatidão de nossos atos".

Integridade significa que nossos pensamentos, palavras e atos são "o mesmo", em um alinhamento quiroprático entre nossos valores, propósitos, ideias e condutas, todos fluindo numa mesma direção. É interessante pensar em integridade não como moralidade, como fazem quase todas as pessoas, mas como *funcionalidade*. Não tem a ver com ser puro ou nobre, mas sim com fazer o que precisa ser feito. Embora o resultado final seja confiança, credibilidade e respeito, esses atributos são apenas decorrência do fato de que, quando dizemos que algo irá acontecer, ele efetivamente acontece.

Ou seja, os outros podem contar conosco: vamos entregar o prometido. E, o mais importante, quer dizer que podemos contar conosco.

Num artigo publicado na Harvard Business School, Michael C. Jensen, Werner Erhard e Steve Zaffron analisaram a relação entre integridade e desempenho. No sumário introdutório desse modelo, intitulado "Integrity: Where Leadership Begins" [Integridade: onde começa a liderança], os autores definem seus termos:

> Em nosso modelo, integridade é honrar sua palavra. Nesse sentido, integridade é um fenômeno puramente positivo. Não tem nada a ver com bem *versus* mal, com comportamentos certos *versus* comportamentos errados. Tal como a lei da gravidade, a lei da integridade apenas é, e se você desrespeita a lei da integridade [...] você se machuca do mesmo modo que se tentasse desafiar a lei da gravidade sem algum dispositivo de segurança. Os benefícios pessoais e organizacionais de se honrar a palavra dada são imensos – para o indivíduo, assim como para a organização – e, geralmente, não são levados em conta.

O conceito é simples e poderoso. Os autores afirmam que integridade é "um fator de produção tão importante quanto conhecimento ou tecnologia" e "dá acesso a incríveis aumentos de *performance*".

Pense no tempo que é gasto em reuniões às quais as pessoas chegam atrasadas ou nem compareçem, com prazos que se estendem indefinidamente, telefonemas que nunca são dados porque "aconteceu uma coisa", cheques enviados pelo correio, relacionamentos arruinados porque alguém decepcionou alguém. Sistemas que não conseguem se entrosar, colaborar, trabalhar adequadamente em conjunto.

E se pudessem? E se tudo funcionasse junto, como um relógio, de modo previsível, sem atrasos?

Jansen *et al.* propõem o que chamam de Lei Ontológica da Integridade:

Na mesma medida em que a integridade diminui, diminui a oportunidade de desempenho.

Isso quer dizer que, quanto mais deslizes ocorrem, menos é realizado; e, quanto menos deslizes houver, mais tração haverá. Os autores comparam esse processo à roda da bicicleta. Se lhe faltam raios, as rodas giram com menos eficiência. Se todos os raios estão nos devidos lugares, a bicicleta torna-se tão eficiente quanto lhe é possível. Integridade significa que todos os raios estão no lugar, o tempo todo.

> Se a integridade é uma ferramenta crucial da liderança e todos os integrantes do time fazem exatamente o que disseram que fariam, o resultado de suas ações será composto de clareza, certeza, produtividade e força.

Não surpreende, portanto, que haja uma rigorosa integridade no mundo dos All Blacks, com um nível de confiabilidade quase total. Nas palavras de Wayne Smith: "Quando os atos falam, as palavras não significam nada". Se algum deles diz que fará algo, pode ter certeza de que o fará. Se dizem que estarão em algum lugar, é lá que estarão. Na realidade, agem segundo a regra de Lombardi: se não chegar cedo para uma reunião, você está atrasado.

Muitos deles acertam o relógio para dez minutos antes. Ninguém se atrasa para pegar o ônibus. Ninguém quer decepcionar os outros.

Com isso, o que é para ser feito é feito.

Se temos um propósito que nos mobiliza, altas expectativas e metas claras, mas não honramos nada disso, não chegamos a lugar nenhum. Porém, concentrando-nos neste ponto específico – "a exatidão de nossos atos" –, podemos mudar o relacionamento que temos com nosso próprio pensamento, o que é tremendamente poderoso. No lugar de noções e intenções vagas, quando mantemos para nós mesmos a palavra dada, nossas ideias se tornarão mais comprometidas, intencionais e decididas.

Nossas ideias se tornam agentes de mudança.

De acordo com o professor e autor de livros sobre liderança Lance Secretan, "autenticidade é o alinhamento de cabeça, boca, coração e pés: pensar, falar e fazer a mesma coisa, consistentemente. Isso gera confiança e os seguidores adoram os líderes em quem podem confiar".

> **Honestidade = Integridade = Autenticidade = Resiliência = Desempenho**

Se o líder faz de sua palavra um compromisso – "Farei com que isto aconteça" –, começam a ocorrer coisas fantásticas e, assim, surgem negócios, impérios, fortunas e legados. Se a conversa que temos conosco é pautada pela integridade, então os resultados disso podem ser revolucionários.

Existe uma história antiga sobre J. P. Morgan, o banqueiro e filantropo, segundo a qual lhe mostraram um envelope contendo uma "fórmula garantida de sucesso". Ele concordou que, se gostasse do conselho ali contido, pagaria US$ 25 mil por ele.

Morgan abriu o envelope, fez um aceno com a cabeça concordando e pagou.

O conselho?

1. Todo dia de manhã faça uma lista das coisas que precisam ser feitas naquele dia.
2. Faça todas elas.

Quando ficamos atentos a deslizes na integridade, podemos cultivar disciplina, intenção e ação, tanto na nossa vida pessoal como em nossas equipes.

Se falamos com integridade, nossa palavra se torna nosso mundo: um compromisso, uma declaração de intenção, uma força geradora. A integridade nos permite falar com otimismo e possibilidade, resiliência e determinação, decisão e autoridade. Ela nos ajuda a superar qualquer contrariedade. E nos ajuda a retomar mais uma vez a longa escalada até o alto.

Com uma voz autêntica, temos autoridade.

Podemos ser os autores de nossa própria história.

Conhece-te a ti mesmo

Quando reconhecemos nossos valores mais profundos, podemos entender que tipo de líder somos e que tipo de vida desejamos levar. A autenticidade – marca do verdadeiro líder – começa com a honestidade e a integridade. A honestidade nos permite acessar nossa mais sincera autoimagem e, quando acontece algum contratempo, podemos contar com nossos mais sólidos alicerces. A integridade garante que seja cumprido aquilo que deve ser feito. Se nossos valores, pensamentos, palavras e ações estiverem alinhados, então nossa fala é o nosso mundo. Agindo com exatidão, ocorrem menos deslizes entre os pensamentos e os atos. Quando nos conhecemos, vivemos nossa visão. Sendo o que falamos, fazemos com que as coisas aconteçam.

He tangata kī tahi.

A pessoa em cuja palavra se pode confiar.

XI

Sacrifício

Ka tū te ihiihi.
Seja destemido.

CAMPEÕES VÃO ALÉM
Encontre algo pelo que morrer e
dedique a vida a isso.

Prestes a estrear nos All Blacks, o jovem Benson Stanley lembra-se de que "estava no hotel quando um dos mais velhos do time se aproximou, deu-me um tapinha no ombro e disse que tinha duas perguntas para me fazer pensar. A primeira era sobre o que eu tinha para oferecer ao time, e a segunda era se eu estava preparado para o sacrifício". Depois de uma pausa, ele acrescenta: "Duas perguntas importantes".

Naquela noite, Stanley e outros novatos foram chamados à frente do time a fim de apresentar suas respostas às duas indagações: o que tenho a oferecer? O que irei sacrificar? Em seguida, alguns dos jogadores principais – como Richie McCaw, Conrad Smith, Brad Thorn – falaram sobre o que significa ser um All Black, o legado, os padrões, os jogadores que entraram de corpo e alma em campo antes deles. Então o time inteiro fez a *haka* para dar as boas-vindas aos novos reforços e para desafiá-los.

"Daí em diante, eu soube que era pra valer", lembra-se Stanley. Foi quando tomou consciência de que era um All Black.

Cerimônias de iniciação "facilitam a transição de um estado para outro", escreve Joseph Campbell em *Para viver os mitos*. Da juventude para a maturidade, da liberdade para a responsabilidade, da vida para a morte, cerimônias de iniciação são ritos psicológicos de passagem. Processos para se tornar outra coisa.

Campbell diz que "o ritual é a encenação de um mito. Quando o indivíduo participa de um ritual, está participando de um mito". Um dos mitos essenciais dos All Blacks é a ideia de sacrifício. Dar tudo pelo time, dar o sangue por ele, entrar no jogo de corpo e alma.

Dar tudo que se tem.

E ainda um pouco mais.

"Os campeões vão além", nas palavras de Brad Thorn.

Sendo o oposto de um novato, Thorn jogou mais de duzentas partidas da Liga de Rugby defendendo o Brisbane Broncos antes de trocar os códigos e jogar sessenta vezes em partidas oficiais pelos All Blacks, até se tornar um dos vencedores da Copa do Mundo de 2011. Em termos de honrarias conquistadas – e de respeito também –, ele é um dos mais bem-sucedidos jogadores de rugby de todos os tempos. Quando fala, os mais novos dos All Blacks prestam a máxima atenção ao que ele tem a dizer.

Como o próprio Thorn afirma, ele era um garoto preguiçoso, mas seu pai tinha um lema que agora ele segue diariamente:

Os campeões vão além.

Ele é o primeiro a chegar à sessão de preparo físico na academia e o último a sair. Para Thorn, esse lema significa que ele sempre acrescenta um pouco mais ao final de cada sessão de exercícios: mais uma repetição, dez minutos a mais, outra série de exercícios, um circuito extra. Quando estão jogando uma partida internacional, ele é o único a perguntar "Quem quer mais?"quando faltava cinco minutos para terminar a partida.

Existe um ditado: "Nunca há muita gente naquela milha a mais". Nessa milha extra, estamos por conta própria; somos apenas nós e a pista, apenas nós e a folha de papel em branco, apenas nós e o desafio que nos propusemos.

É o trabalho que fazemos atrás de portas fechadas que faz a diferença no campo em que batalhamos, seja qual for a área em que competimos, como membro de algum time, à frente de algum negócio ou simplesmente levando a vida adiante.

Já se escreveu muito sobre a agonia do corredor de longas distâncias, da solidão do artista em seu estúdio, dos tipos de sacrifício – de tempo, conforto, vida social, prazeres – que devemos fazer para concretizar a transição do comum para o extraordinário, do bom para o ótimo, mas a diferença vencedora está lindamente resumida no mantra que Thorn recebeu de seu pai:

Os campeões vão além.

Outro pai, outro presente para um filho promissor...

Neville Carter queria dar ao filho Daniel algo especial em seu aniversário de 8 anos. Por isso, esperando por ele no gramado do quintal, certo dia de manhã, estava um conjunto de traves de rugby, pintadas de azul e branco, as cores do clube local de rugby, o Southbridge.

Neville comentou para o *New Zealand Herald* que o filho "ficava lá horas e horas seguidas, todos os dias depois da escola e nos fins de semana". Daniel treinava chutes que, às vezes, passavam por cima da casa e até quebravam algumas calhas, mas nunca uma janela, que o pai se lembre.

Dan Carter tornou-se o jogador com mais alto índice de pontuação na história das partidas oficiais.

Os campeões vão além.

Quando tinham 13 anos, os irmãos Ben e Owen Franks disseram ao pai, Ken, que queriam ser All Blacks. Praticamente todos os meninos na Nova Zelândia quando chegam a essa idade dizem isso ao pai, mas Ken, que era *personal trainer*, levou a declaração dos filhos a sério. Embora não fosse do tipo que ficasse forçando os filhos a fazerem alguma coisa, como o próprio Ken afirma, "a pessoa precisa ter determinação, e eles tinham. Então, a primeira coisa que fizemos foi estipular certas metas, [...] onde queriam estar dali a um ano, a cinco anos, mas também onde queriam estar em seis meses, em um mês, em uma semana, amanhã".

Ele continua: "Fomos com eles para a academia, para cuidar da parte técnica, formar a base. Quando estavam com 18 anos, conseguiam levantar mais peso do que qualquer dos All Blacks na época". Agora, os irmãos são os pilares do *scrum* nos All Blacks. "Tudo que eles fazem é com intensidade [...]. Isso é o que interessa a Ben e Owen; é nisso que eles investem. Não ficam se refestelando em cima dos louros; estão sempre em busca da perfeição."

Mais ou menos quinze dias após ganhar a Copa do Mundo de 2011, Ben contratou um treinador que veio dos Estados Unidos e lhe disse: "São estas as coisas que preciso melhorar; estas são as minhas fraquezas".

Os campeões vão além.

Reza a lenda que, em 1986, Buck Shelford estava levando seus homens à vitória contra a França, hoje conhecida como "A Batalha de Nantes". Foi uma coisa brutal.

E sangrenta. Ainda no início do jogo, uma chuteira francesa atingiu e rasgou o saco escrotal de Shelford. Dizem que um dos testículos ficou à mostra. Ele saiu mancando para a lateral do campo onde um médico fechou o talho com alguns pontos, aplicados sem anestesia, e em seguida ele retornou para continuar jogando. Um pouco depois, Shelford saiu de campo, não por causa de sua lesão nos testículos, mas porque sofreu uma concussão e perdeu dois dentes.

Essa é uma espécie particular de coragem dos All Blacks: jamais se entregar, derramar sangue pelo time, ir para o sacrifício.

Arriscar até o próprio saco.

Os campeões vão além.

Isso é verdade em todos os esportes. Sabemos da história do atirador Károly Takács, que foi proibido de participar das Olimpíadas de 1936 porque, na Hungria pré-guerra, somente oficiais podiam ser convocados para os times. Sem desanimar, preparou-se para os jogos de 1940, mas, em 1938, uma granada destroçou sua mão direita, a que ele usava na prática de tiro. Então começou a treinar para atirar com a esquerda, mas os Jogos Olímpicos de 1940 e de 1944 foram cancelados devido à guerra que assolava toda a Europa. Finalmente, em 1948, aos 38 anos, Takács competiu em seu primeiro evento olímpico, levando a medalha de ouro da categoria e estabelecendo um novo recorde mundial para um destro atirando com a mão esquerda.

Os campeões vão além.

O que não se aplica apenas aos esportes. Ainda na qualidade de jovem jornalista da *Time*, o escritor Hunter S. Thompson copiou duas vezes o texto integral de *O grande Gatsby*, de Scott Fitzgerald, e *Adeus às armas*, de Ernest Hemingway. Como comentou ao *Guardian* seu amigo Johnny Depp: "Ele queria saber qual era a sensação de escrever uma obra-prima". Depois, Thompson inventou o gonzo, um gênero que combina a objetividade do jornalismo com a subjetividade do romancista. E tem sido aclamado como o maior autor cômico americano do século 20.

Os campeões vão além.

Em *Steve Jobs*, Walter Isaacson diz que o fundador da Apple rejeitou a placa de circuitos do Apple II porque "as linhas [estavam] juntas demais". Ele insistiu em reduzir em dez segundos o tempo de inicialização dos primeiros Macs calculando que, com cinco milhões de usuários, isso pouparia mais do que o equivalente a "cem vidas por ano". Posteriormente, quando construiu uma fábrica na Califórnia, Jobs quis que o piso fosse todo pintado de branco, simbolizando a busca da pureza e da perfeição. "Quero que fique tão lindo quanto possível", ele disse, "mesmo que seja dentro desta caixa. Um grande carpinteiro não vai usar madeira ruim para o fundo de um armário, embora ninguém possa ver essa parte do móvel".

Quando Jobs morreu, a Apple era a empresa mais valiosa do mundo.

Os campeões vão além.

"O que autossacrifício significa para você?" é a pergunta que Andrew Mehrtens faz aos times que treina. "Para um time, é tudo [...]. Forçar-se a ir além de sua zona de conforto [...]. É fazer a mais, dar mais do que lhe pedem que faça, ou ir além do que qualquer outro faria. A gente costumava dizer 'Treine mais duro do que alguém que não é dos All Blacks'."

Sean Fitzpatrick costuma perguntar: "'Qual é a coisa mais importante na vida para você?' Se você lança essa questão para a maioria dos executivos ou dos esportistas, eles dirão que a família vem em primeiro lugar e o trabalho em segundo, mas se você realmente parar para pensar vai concluir que não, na verdade, não. Primeiro vem o trabalho, depois, a família. Daí você pode pensar que é uma pessoa completamente horrível, mas, se quer ser o melhor do mundo, precisa colocar o trabalho em primeiro lugar [...] você tem de fazer sacrifícios enormes".

Uma história.

Uma vez descrito como "o homem mais famoso do Império Britânico", Dave Gallaher era o líder do time Originals, em 1905, e é considerado "o pai do rugby dos All Blacks". Seu time tinha um estilo brilhante, irrepreensível; em 25 jogos, perdeu apenas um, em circunstâncias controversas, quando – como ainda afirmam – os jogadores do País de Gales arrastaram Bob Deans, o *artilheiro*, que estava no banco, de volta para o campo antes que o árbitro, exausto, visse. Esse time excepcional marcou 747 pontos e só permitiu que os adversários marcassem 53. Foram eles que deram início ao legado dos All Blacks.

A intervalos irregulares, a caminho dos jogos internacionais de outono na Europa, os atuais All Blacks param brevemente num pequeno cemitério na França, a fim de prestar suas homenagens. No Nine Elms British Cemetery, nas proximidades de Ypres, o túmulo número 32513 é identificado com uma folha de samambaia prateada e o nome Dave Gallaher. Atingido por um estilhaço de granada durante o ataque a Gravenstafel Spur, no dia 4 de outubro de 1917, Dave morreu pouco depois nesse mesmo dia. Estava com 43 anos.

A guerra faz poucas distinções entre os homens. Como diz o provérbio italiano, "no fim do jogo, o rei e o peão retornam para a mesma caixa".

"A questão é você não alimentar uma ideia muito alta de quem é", diz Andrew Mehrtens a respeito dessa peregrinação. "Você faz parte de uma coisa muito maior. No fim das contas, quando você está jogando rugby e está achando que estão lhe pedindo certos sacrifícios, é bom lembrar que existe um monte de gente que fez sacrifícios muito maiores."

Seja o que for a que nos dedicamos – um negócio, um projeto, a família, um esporte, uma causa, a arte, uma crença –, sempre estamos fazendo sacrifícios. Quer doemos uma hora, um dia, a vida inteira, *estamos gastando nossa vida.*

Estamos dando nossa vida por algo.

Cada dia que saímos para trabalhar, cada reunião que nos entedia, tudo que fazemos somente por dinheiro ou por obrigação, todo o tempo que matamos: estamos dando nossa vida a isso. Então, é melhor que valha a pena.

O professor de psicologia Steven Pinker escreveu: "A sabedoria consiste em valorizar quanto é preciosa e finita nossa própria existência e, portanto, não desperdiçá-la".

Steve Jobs disse: "Não temos chance de fazer milhares de coisas, então cada uma delas deveria ser realmente excelente. Porque isso é a nossa vida. A vida é breve, e depois você morre, entende? Todos nós escolhemos fazer isso com a nossa vida. Por isso é melhor que seja muito bom mesmo. É melhor que valha a pena".

Stephen Covey nos encoraja a começar pelo fim, imaginando que estamos em nosso próprio funeral. Quem estaria lá? O que diriam sobre nós depois que partíssemos? O que nossa vida significaria para eles? Será que chorariam?

Isso não tem nada de mórbido, muito pelo contrário. Significa colocar algo em risco: nossa vida. Significa ter noção da urgência e do imediatismo, e é bom cultivar esses sentimentos na vida.

Para que tenhamos uma vida para *levar*, se é para termos alguma coisa para levar, certamente deveríamos saber aonde estamos indo e por quê.

Os campeões vão além.

Eles encontram algo em nome do que estão preparados para morrer.

E dão a vida por isso.

Os campeões vão além

O lema "Os campeões vão além" refere-se ao esforço arbitrário e aos sacrifícios extras exigidos para se fazer algo extraordinário. Seja o que for que fizermos, estamos dando nossa vida por isso, então é melhor termos certeza de que vale a pena. Então, pelo que estamos preparados a dar nossa vida? No papel de líderes, que tipo de vida vamos levar? Começamos fazendo a mais: a série extra de exercícios na academia, o empenho extra no trabalho, a explosão a mais na corrida de velocidade, o esforço extra. Pense no que disse Buckminster Fuller: "Qual é a minha missão neste planeta? O que precisa ser feito, e sobre o qual sei alguma coisa, que provavelmente não acontecerá a menos que eu assuma essa responsabilidade?". Qual é o extra que nos tornará extraordinários?

Kaua e mate wheke, mate ururoa.

Não morra como um polvo,
morra como um tubarão-martelo.

Linguagem

Taringa whakarongo.
Que seus ouvidos ouçam.

INVENTE SUA
PRÓPRIA LINGUAGEM
Que suas palavras criem seu mundo.

Em 1999, John Kirwan e Sean Fitzpatrick decidiram escrever um livro.

Os padrões estavam fraquejando, e os resultados também: os All Blacks tinham perdido cinco jogos seguidos. A dupla, que tinha se aposentado recentemente, achava que ninguém estava transmitindo bem os princípios aos novos jogadores, então eles decidiram fazer algo a respeito.

O resultado dessa iniciativa acabou sendo conhecido como *The Black Book* [O livro negro], para ser lido exclusivamente pelos All Blacks, sob pena de excomunhão. Por algum tempo, tornou-se a bíblia do time, e os conhecimentos ali reunidos na forma de aforismos continuam adubando a cultura do time.

- Ninguém é maior do que o time.
- Deixe a camisa em melhor situação.
- Viva pela camisa. Morra pela camisa.
- Não basta ser bom. Tem de ser ótimo.
- Deixe tudo para trás no campo.
- Não é a camisa, é o homem que a veste.
- Uma vez All Black, sempre All Black.
- Trabalhe mais do que um ex-All Black.
- Na barriga, não nas costas.
- É uma honra, não um emprego.
- Dê o sangue pela camisa.
- Só o seu melhor; senão, caia fora.

Em *Winning Matters*, Fitzpatrick escreve que *The Black Book* era "um sistema de significados que todos entendiam, uma linguagem, um vocabulário e um conjunto de ideias que mantinham o grupo unido".

Nem todos estavam convencidos de que o livro era necessário. "No meu tempo, a gente não precisava escrever todas essas coisas", comentou um veterano. Sem nunca ter sido a mais letrada das culturas, o sistema de crenças e ideias dos All Blacks – seu *éthos* – vinha sendo transmitido oralmente e por meio de exemplos através das gerações de jogadores, de time para time, incluindo os significados, os rituais, os heróis, todos os elementos reunidos por uma sagrada linguagem comum.

Uma cultura oral.

Uma história comum.

Em *Rápido e devagar: duas formas de pensar,* Daniel Kahneman escreve sobre o poder que nossas histórias têm para mudar e moldar nossa vida, muitas vezes de uma maneira que não identificamos conscientemente. Lembre-se: as histórias não precisam ser verdadeiras para serem reais. Para exemplificar, Kahneman conta que certa vez parou ao lado de um ônibus um dia após um ataque terrorista a outro ônibus. Sua mente racional sabia que a chance de acontecer a mesma coisa de novo era pequena, quase inexistente, mas a área emocional de seu cérebro criou-lhe outra realidade e o que ele mais queria era sair dali imediatamente. É o mesmo que acontece quando compramos um bilhete de loteria: sabemos que as chances de ganhar o prêmio são muito pequenas, mas mesmo assim imaginamos como será nossa vida se isso acontecer. A verdade nunca atrapalha totalmente uma boa história.

Verdadeiras ou não, as histórias são nosso meio de compreender a vida e nosso lugar nela. Somos "máquinas criadoras de significado", interpretando e reinterpretando sequências de eventos em narrativas e tornando a reuni-los ao nosso bel-prazer.

> **Líderes são contadores de história. Todas as grandes organizações nascem de uma história convincente. Essa ideia organizadora central ajuda as pessoas a compreender aquilo pelo qual são responsáveis e por quê.**

Na infância, as histórias nos ensinam a diferença entre certo e errado, entre bom e mau, nos ensinam a lealdade e o amor, e nossas ideias sobre como a vida é, como deveria e poderia ser. Quando chegamos à idade adulta – e nos tornamos os publicitários, cineastas, romancistas, jornalistas e políticos que todos conhecem –, as histórias nos ajudam a entender quem somos, o que queremos, o que defendemos, o que combatemos, por que fazemos o que fazemos.

Assim como no livro *O rastro dos cantos*, as histórias que contamos por meio da linguagem ainda fazem nosso mundo vir a existir.

No livro *Em busca de sentido*, Victor Frankl diz que "a busca para encontrar sentido é a força motivacional primária do homem", e as histórias são o modo como construímos e encontramos sentido em nossa vida. Frankl diz que não deveríamos "hesitar em desafiar o homem com um significado potencial para que ele o realize. [...] Não se deve buscar um sentido abstrato para a vida. Cada qual tem sua própria vocação ou missão específica para realizar, uma incumbência concreta que exige ser cumprida".

No papel de líderes, nossa tarefa é atribuir essa "incumbência concreta". Seja "ser o melhor time que já jogou", ser um G. A. B. ou inscrever uma marca no universo, nossa missão se expressa por meio de uma linguagem e é imaginada como uma futura lembrança.

Como disse Kevin Roberts, "as revoluções começam com a linguagem". Um elemento crítico para a liderança eficiente segundo o modelo dos All Blacks é o modo como contamos a história, usando palavras para ajudar nosso pessoal a "se ligar no essencial", usando valores, vocabulário, lemas, mantras e metáforas.

Valores

"Humildade, honestidade, integridade, respeito", diz Sean Fitzpatrick, "você sabe, digo todas essas palavras e, para mim e para aquelas pessoas com quem estou falando, o que estou dizendo é: 'Veja bem, você nem deveria precisar se preocupar com essas coisas porque elas já deveriam estar todas firmes no lugar'".

Victor Frankl escreve: "Não nos é possível acatar e adotar valores no nível consciente; valores é o que somos". O que não quer dizer que não possamos defini-los, aperfeiçoá-los e capturá-los em um documento escrito e bastante utilizado, que faça diferença.

Ao mesmo tempo que Fitzpatrick e Kirwan estavam perguntando a antigos All Blacks o que aquilo tudo queria dizer, a Saatchi & Saatchi estava trabalhando com a

União de Rugby da Nova Zelândia para definir os valores da marca do time. Esse longo processo de consultoria revelou um conjunto de palavras que incluía Nova Zelândia, Vencer, Poder, Masculinidade, Comprometimento, Trabalho em Grupo, Tradição, Inspiração, além de outras três que viriam a se tornar o eixo do time:

- Humildade
- Excelência
- Respeito

Certamente, valores sagrados são a sustentação de algumas das organizações de maior sucesso no mundo. Fé, esperança e caridade, por exemplo, ou, na outra ponta da escala, as máximas dos fuzileiros navais dos Estados Unidos:

> *Honra*
> *Integridade, responsabilidade, confiabilidade.*
>
> *Coragem*
> *Fazer a coisa certa, do modo certo, pelo motivo certo.*
>
> *Comprometimento*
> *Devoção à corporação e aos companheiros.*

Os valores centrais dos fuzileiros navais são transmitidos a cada novo recruta num cartão vermelho que ele deve levar consigo o tempo todo. Um fuzileiro disse que tatuou essas palavras no peito, sobre o coração.

Outro explicou: "Como fuzileiros, temos de corresponder a um padrão muito alto".

Afinal, se você vai morrer em nome de algo, é bom saber pelo que dará a vida.

> **Empresas que preservam seus valores nucleares são as que se destacam, se mantêm por si e defendem alguma coisa.**

Talvez o novo arquétipo da empresa movida a valores e um propósito seja a Apple. Nos primeiros tempos da companhia (como Walter Isaacson conta no livro *Steve Jobs*), Mike Markkula redigiu um texto intitulado "Apple Marketing Philosophy" [A filosofia de *marketing* da Apple]. Nesse documento, ele buscou definir os valores da empresa.

Empatia
Tentaremos verdadeiramente entender as necessidades [do consumidor] melhor do que qualquer outra empresa.

Foco
Para fazermos um bom trabalho com o que decidimos fazer, devemos eliminar todas as oportunidades que não tiverem importância.

Atribuição

As pessoas julgam sim o livro pela capa. Podemos ter os melhores produtos, a mais alta qualidade, o software *mais útil etc. Se os apresentarmos com desleixo, eles serão considerados sem qualidade; se os apresentarmos de maneira criativa e profissional, estaremos atribuindo a eles as propriedades desejadas.*

Qualquer pessoa que já tenha aberto a embalagem de um produto Apple, experimentado sua interface, ambicionado um produto da marca ou comprado ações da empresa sabe o poder que esses valores têm.

Por outro lado, "humildade" não é a primeira palavra que associamos a um time de impiedosos campeões mundiais. Contudo, juntamente com excelência e respeito, a humildade é um aspecto central do eixo de valores dos All Blacks.

A noção da humildade como valor nuclear alicerça o time, cria respeito, estimula a curiosidade e inspira vínculos que o sustentam no calor da batalha.

Essa palavra, cuja força não transparece facilmente, está presente em tudo que esses jogadores fazem; é parte de sua história. "Assim que você define qual é o seu conjunto de comportamentos e o que está se esforçando para realizar, você deve continuar cultivando a humildade", afirma Wayne Smith.

Os líderes têm de realizar ações concretas para que os valores se tornem parte de sua história. Entre os All Blacks, é uma questão de varrer o vestiário, de dar autógrafos, é o Clube de Rugby, os trabalhos beneficentes, a ligação com a comunidade, as visitas a hospitais, as coisas mais simples. Ser do time.

> **Palavras deflagram revoluções.**

Culturas bem-sucedidas são orgânicas e adaptativas, mudam e fluem, mas logo abaixo da superfície estão fincados os alicerces dos valores, suavizados pelas ocorrências que deslizam sobre eles sem, porém, abalá-los.

Smith declara: "Sucesso é ser realmente bom nisso, realmente bom em conseguir que nosso time fale, em nossas revisões, em nosso plano de jogo; tudo se refere à história central".

Primeiro, damos forma a nossos valores; depois, nossos valores nos moldam.

Vocabulário

No Capítulo VII, mencionamos o Efeito Flórida, ou seja, a maneira como usar palavras com cuidado e escolher o vocabulário certo para nos comunicar afeta inconscientemente nosso modo de perceber o mundo. Naturalmente, as agências de publicidade sabem disso muito bem: a mera inclusão do adjetivo "novo" num material impresso tem o poder de aumentar o número de seus leitores. "Apenas por tempo limitado" pode provocar uma quantidade quase ilimitada de acessos.

No universo dos All Blacks, assim como em outros ambientes de alta *performance*, como o dos fuzileiros navais, do Red Arrows, da Apple, verifica-se a mesma obsessão pelo poder formador da linguagem.

- Excepcional
- Exatidão
- Clareza
- De primeira linha
- A milhão, hoje a gente estava a milhão

Quando Wayne Smith assumiu o time dos Chiefs, após sair dos All Blacks, ele ajudou a elaborar e implantar uma revolução linguística no time. Segundo disse, "começamos por definir um vocabulário, uma mentalidade e uma atitude", e *māoritanga* – a cultura maori – tornou-se parte da linguagem comum. "Ataque" virou *paoa*, que significa "golpear", e "defesa" virou *tainui*, ou "maré grande".

As atividades da pré-temporada repetiam os passos das tribos maori locais quando de seu assentamento na Ilha do Norte, uma árdua jornada física. Essa vívida linguagem metafórica desencadeou o início de uma revolução no rugby.

Palavras deflagram revoluções.

Lemas e mantras

Como notamos no *The Black Book*, lemas e mantras são ingredientes cruciais para se entender a mentalidade dos All Blacks. Essa heurística linguística acessa o núcleo do sistema de valores, tornando-se uma via rápida para lembrar os padrões e as condutas esperadas. Nesse mesmo sentido, o espírito da Apple está manifesto na linguagem que circula pelo *campus* da empresa, na Califórnia:

- Sempre com fome. Sempre bobo.
- Por que entrar para a Marinha se você pode ser um pirata?
- Loucamente genial.
- Pense diferente.
- "Clique. *Bum*. Incrível!"

Até mesmo o endereço da sede da corporação tem o espírito da Apple: *Um Loop Infinito*.

Da mesma maneira, o espírito dos fuzileiros navais está vivo em seus lemas e mantras:

- Uma vez fuzileiro, sempre fuzileiro.
- *Ductus exemplo* – lidere pelo exemplo.
- Faça a coisa certa.
- Corresponda ao padrão mais alto.
- O primeiro a lutar.
- Tudo que a pátria pedir.
- *Semper fidelis* – sempre fiel.

O elemento comum a todos esses times e organizações de elite é o uso de frases-código concisas, facilmente reconhecíveis e compreensíveis, que definem e declaram a essência de sua mentalidade. Não se trata de forjar *slogans* vazios. Quando as palavras são usadas com inteligência e contundência para expressar um pensamento enxuto, o líder tem à sua disposição um dos recursos mais poderosos que existem, capaz de alinhar companhias, países e culturas inteiras em torno de sua essência destilada.

Lembre alguns dos melhores *slogans*:

- Just do it [Apenas faça].
- Nothing is impossible [Nada é impossível].
- Impossible is nothing [Impossível é nada].
- The power of dreams [O poder dos sonhos].
- Think [Pense].
- Invent [Invente].

Esses *slogans* traduzem a essência da empresa em uma frase, mudam a maneira de pensar com uma sentença bem colocada, destilam a ideia em poucas palavras. As melhores equipes – All Blacks, Apple, fuzileiros navais, Nike, Honda, Adidas – recorrem ao poder desses lemas e mantras para refletir, rememorar, reforçar e revigorar seu *éthos* todos os dias.

O líder sábio faria muito bem em seguir esses exemplos. *Palavras deflagram revoluções.*

Metáforas

O termo vem do grego *metaphora*. *Meta* quer dizer "acima", "através", e *pherein* significa "portar", "levar", "carregar". Metáfora é aquela figura de linguagem em que uma palavra ou frase é sobreposta a algo a que não se aplica literalmente, ou seja, uma ideia dá um sentido que transforma o significado original.

A metáfora é uma ferramenta de liderança muito potente, mas que em geral não é valorizada. Há quem diga que é, inclusive, a base do nosso entendimento da vida. Aliás, se dermos crédito às palavras de Friedrich Nietzsche, toda linguagem é uma metáfora: "De que estranha simplificação e falsificação vive a humanidade!". Para o filósofo, as palavras e a linguagem são separadas daquilo que descrevem, são uma analogia da realidade, um simulacro. Ele escreve: "Não possuímos nada além de metáforas das coisas, metáforas que não correspondem de modo algum às entidades originais". Embora possa realmente haver metafísica – uma substância para a realidade – na visão de mundo de Nietzsche, somos incapazes de processar o mundo e entendê-lo, então fazemos uma tentativa por meio da linguagem, da metáfora e da história.

As metáforas estão nos pontos em que nos reconhecemos nas histórias, são uma maneira de darmos um significado pessoal a uma narrativa de natureza pública. As metáforas despertam uma resposta visceral e nos obrigam a repensar os significados.

Literalmente, com as metáforas *re-conhecemos*.

A natureza metafórica da mente é um aspecto essencial quando se trata de compreender o que impulsiona as ações humanas. "É precisamente por meio da metáfora que são criadas nossas perspectivas ou nossas extensões analógicas", diz Kenneth Burke, um teórico americano da literatura. "Um mundo sem metáfora seria um mundo sem propósito."

Em *Poética*, Aristóteles diz: "sem sombra de dúvida, a maior de todas as coisas é ter o domínio da metáfora. Em si, isso não pode ser proporcionado por outrem. É a marca do gênio, pois criar boas metáforas exige enxergar similitudes".

A história da Peste Negra

Aqui vai uma história.

Certa noite em novembro, em Londres, Wayne Smith estava assistindo a uma peça de teatro, mas ideias não paravam de lhe ocorrer. Terminado o espetáculo, voltou rapidamente ao hotel e fez algumas anotações.

"Pensei... tenho de tirar os números das camisas e colocá-los contra um fundo preto. Vai parecer como uma praga sufocando a Inglaterra, e achei que seria uma coisa magnífica de se ver [...] e decidi chamar isso de Peste Negra."

A Peste Negra se tornou o apelido – e a destilação – da atitude e da abordagem defensiva dos All Blacks. "Os rapazes entenderam a ironia e também o poder que ali estava latente, e como a Peste Negra atingiu a Europa e causou tantas vítimas", disse Smith.

> A Peste Negra começou na Ásia, no ano passado, e depois devastou a Europa [...] destruindo tudo que estivesse pelo caminho
> ... os pequenos, os enfermos, os lentos e os ligeiros.
> ... foram 366 minutos sem levar um *try*.
> ... a enfermidade que arrasou a Europa está ressurgindo no mundo todo
> ... qual será sua aparência?
> ... rápida, pressão exercida em setores definidos, clareza de papéis...

"Cria uma imagem, não?", pergunta Smith. "É isso que queremos na defesa; queremos sufocá-los, esmagá-los, destruí-los. É disso que tratam os All Blacks: ficar de pé, ajudar uns aos outros e esmagar os adversários, sem lhes dar nada."

Essa metáfora visceral e visual ajudou Smith a transformar sua visão da defesa em atos físicos, ajudou-o a *operacionalizar* seu propósito, a colocar o propósito em prática. Era fácil de entender, de lembrar e de aplicar sob pressão, e pôde ser ajustada em todas as oportunidades de treino, instrução e inclusive socialização.

E os levou à Copa do Mundo.

Linguagem 213

> Baseando-se em valores fortes e envolventes, usando uma linguagem comum que empregue mantras, lemas e metáforas, contar histórias ajuda o líder a vincular o significado pessoal dos membros de sua equipe à visão que ele tem do próprio futuro.

Há quatro critérios principais para se criar uma história sobre mudança:

- Deve ser crível e relevante. Em termos aristotélicos, deve ter *éthos* (uma autoridade e tema compreensível) e *logos* (deve fazer sentido do ponto de vista racional).
- Deve ser visual e visceral, envolvendo os receptores auditivos, visuais e cinestésicos do cérebro. Deve capturar nosso coração e, ao mesmo tempo, impressionar nossa mente. Em termos aristotélicos, deve ter *páthos* (deve ser vivenciada).
- Deve ser flexível e escalonada, e igualmente fácil de se contar em torno da fogueira no acampamento e à mesa de reuniões da diretoria. Isso implica o recurso a ideias e linguagem simples e cotidianas.
- Deve ser útil, capaz de tornar a visão em ação, o propósito em prática, deve agir como elemento de transferência de significados entre um domínio e o outro, entre o *seu* mundo e o *meu*, entre o *líder* e o *liderado*.

Quer seja visual ou verbal, um lema, um mantra ou uma metáfora, a linguagem deflagra revoluções.

Invente sua própria linguagem

Culturas fortes precisam de um sistema de significados que seja compreendido por todos, uma linguagem e um vocabulário que mantenha o grupo unido, integrado. Esse sistema deve ser fundado em valores da equipe; assim, a história se mantém crível e relevante. Líderes inteligentes inventam um vocabulário único como atalho para comunicar novas normas e padrões culturais, usando palavras e frases específicas, lemas e mantras. Depois, recorrendo às metáforas, o líder começa a dar uma vida visceral à história utilizando todos os canais possíveis. Desse modo, a linguagem torna-se o oxigênio que sustenta aquela mentalidade. É assim que os líderes reescrevem o futuro.

He aha te kai o te rangatira.
He kōrero, he kōrero, he kōrero.

Qual é o alimento do líder? É o conhecimento. É a comunicação.

Ritual

Não somos todos maori.
Não somos todos polinésios...
Wayne Smith

RITUALIZE PARA REALIZAR
Crie uma cultura.

Nova Zelândia × África do Sul, Carisbrook, Dunedin, 28 de agosto de 2005

Os hinos já foram executados, os espectadores se acalmam.

O público sabe que chegou a hora.

Os All Blacks unem-se num bloco coeso, formando no campo um amplo arco que lembra o desenho de uma foice. Uma única voz se ergue num brado potente.

Tana Umaga é o primeiro polinésio a ocupar o posto de capitão da Nova Zelândia. Um homem de grande *mana*.

Taringa whakarongo!

"Que seus ouvidos ouçam!"

Como um ser único, seu time se abaixa atrás dele. Umaga marca o ritmo, o peito projetado, a samambaia de prata, a camisa preta, o canto prossegue, a energia aumenta.

Kia whakawhenua au i ahau!

"Que eu e a terra nos tornemos um só!"

O time repete o desafio.

Ko Aotearoa e ngunguru nei!

"Este é o brado da Nova Zelândia!"

Avançando sem parar, o time ergue-se no meio do campo e, então, os jogadores passam o polegar pela frente da garganta.

Acaba de nascer um novo *haka*. "*Kapa o Pango.*" Um novo legado.

Au, au, aue hā!

"Chegou a nossa hora! Chegou o nosso momento!"

E os All Blacks vencem por 31 a 27.

"As pessoas nem sequer imaginam quão perto chegamos de eliminar completamente o *haka*", conta Gilbert Enoka. "Ficamos por um triz de perder aquilo tudo porque tínhamos perdido nossa ligação e nossa compreensão." Os jogadores mais velhos diziam que "as câmeras de TV ficam se enfiando na nossa cara e a única coisa que queremos é que tudo aquilo acabe para podermos jogar [...] e, de todo modo, não é por nós, é pelo povo maori".

Graham Henry afirma que "a sociedade da Nova Zelândia mudou [...] não é mais feita só de maori e europeus [...] o time dos All Blacks tem jogadores de Tonga, Samoa, das ilhas Fiji, tem europeus, maori. Por isso, o novo *haka* abrange a nova cultura e acho que isso tem uma tremenda importância".

"Deveríamos nos reunir e falar sobre a cultura de Fiji, a cultura de Samoa", ele acrescenta, "e fazer uma refeição ao estilo samoano após a conversa". Com isso, conquistariam um "melhor entendimento dos companheiros com quem jogamos" e também uma melhor compreensão da "sociedade da Nova Zelândia".

Anton Oliver explica: "Eles desconstruíram tudo e perguntaram como é que íamos criar um legado".

"Tínhamos de cuidar da transição de uma situação maori para um contexto Pacífico", nas palavras de Enoka. "Isso só aconteceu quando todos nos reunimos e pedimos que nos dissessem o que significava ser neozelandês e o que significava ser um All Black [...] então, de repente, todos fizeram comentários vindos do fundo da alma, falando de ligação e significado, da noção toda de seus pais, seus *tīpuna*, enterrados naquele chão, e de ter uma conexão com a terra e vestir a camisa, e ali estava a folha de samambaia e todos estavam interligados. Assim, de uma hora para outra, o pessoal de Fiji, de Tonga, de Samoa pôde se conectar com o fato de que, sim, chegou a nossa hora, chegou o nosso momento, chegou a minha hora e chegou o meu momento."

Para ajudar aqueles jogadores em sua missão, Henry, Smith, Hansen e Enoka trouxeram Derek Lardelli, um dos maiores *tā moko* – tatuadores maori – e também dançarino (*kapa haka*) maori, artista performático, consultor cultural, *tohunga* (sábio da tribo), professor e artista.

Ele se reuniu com os líderes e deu início a uma conversa, a um processo de pesquisa da cultura dos All Blacks, do presente e do passado. Diz Enoka que essa conversa "foi a gênese do *Kapa o Pango*".

Anton Oliver lembra que o processo "girou em torno do uso de metáforas e de uma linguagem múltipla; foi um imenso renascimento. Foi uma questão de retomar a ligação com os maori, mas na realidade foi uma retomada ainda mais ampla, envolvendo a ligação de pessoas de diversas culturas para criar algo único, uma coisa só. Os jogadores poderiam dizer: 'Eu entendo isso. Eu criei essas palavras. Estes são meus movimentos. É o meu país. É a minha terra'".

E a atuação em campo? Se você verificar a proporção entre vitórias e derrotas em função desse recém-descoberto conceito de identidade coletiva, constatará uma correlação direta e positiva.

Ritualize para realizar.

Owen Eastwood diz que "a cultura é como um organismo: cresce e muda continuamente". A identidade e o propósito, para ele, precisam ser constantemente renovados e reinterpretados para que adquiram significado. Anton Oliver concorda: "Este ambiente cultural está sempre mudando. Não é estático".

Eastwood salienta: "Conquistar confiança, desenvolver as pessoas e inspirar comportamentos de alto desempenho são tarefas que jamais terminam. Os rituais são a chave para reforçar essa cola emocional".

> **Líderes inspiradores instituem rituais para conectar sua equipe com sua narrativa central, levando-a a refletir, rememorar, reforçar e reativar sua identidade como grupo e seu propósito coletivo.**

Enoka diz que "o poder dos rituais ajuda na absorção de tudo isso. Eles são tão fortes que não é mais preciso perder duas, três horas em reuniões dentro de uma sala".

É disso que Wayne Smith está falando quando menciona a conexão com a história básica, e o que Enoka quer dizer quando fala de nos conectar com o núcleo. Oliver acrescenta: "Acho que na cultura dos All Blacks é assim que os valores são transmitidos. Uma grande parte do legado que recebemos vem por meio dos rituais".

Ritualize para realizar.

Embora o *haka* seja o ritual mais famoso dos All Blacks, ele não é o único.

Quando Jonah Lomu recebeu sua primeira camisa preta, ela lhe foi entregue em mãos por John Kirwan, seu lendário antecessor na mesma posição. Sean Fitzpatrick disse-lhe: "Muito bem, você conseguiu. Você é um All Black, aproveite!".

Kirwan, porém, acrescentou: "Isso é só o começo. O que você tem de fazer agora é ser o melhor All Black que já vestiu a camisa 11 no time".

Ritualize para realizar.

Quando os All Blacks cruzam a ponte Severn a caminho de sua partida contra o País de Gales, todos ficam em pé dentro do ônibus e gritam: "Nunca perdemos para o País de Gales!". Assim que chega a Cardiff, o time visita o Angel, um *pub* em que Keith Murdoch se envolveu numa briga certa vez, e, por causa disso, foi banido e mandado de volta para casa. Ele desembarcou do avião na Austrália e desapareceu nos Territórios do Norte, ninguém nunca mais o viu em um campo de rugby. Oliver diz: "Tomamos uma cerveja em honra dos que caíram, certo? Perdemos um dos nossos. Nunca deveríamos ter perdido um dos nossos. Foi ridículo. Então o homenageamos com nosso reconhecimento pelo que aconteceu, e a história é contada de novo".

A história é contada de novo.

Também existe o *tiki*, um boneco maori entalhado, fincado num canto do que um dia foi o Cardiff Arms Park.

Há o ritual de iniciação com bandeiras na parede, você tem seu lugar no ônibus, há hinos e bonés, e uma centena de outros pequenos rituais, alguns privados, outros públicos. Henry afirma: "Todas essas coisinhas vão se somando, vão se juntando ao *mana* desse grupo, aumentando o respeito que as pessoas têm umas pelas outras e estimulando seu desejo de jogar pelos outros".

Ritualize para realizar.

Os rituais refletem, rememoram, reforçam e reavivam a história central. É assim que a tornam real de uma maneira vital, visceral. Da cerimônia de nomeação ao primeiro *cap*, do *haka* às hierarquias, todos esses elementos constituem o contexto que mantém em ordem o sistema de conceitos e ideias. Quando os All Blacks realizam o *haka* – ou ficam em pé no ônibus no País de Gales e soltam seu grito de guerra –, estão se conectando com algo que é maior do que eles mesmos. Estão se apropriando da metáfora, estabelecendo a ligação entre sua história pessoal e a história do time.

Assim como os negócios e a diplomacia, o esporte é uma guerra travada por outros meios, o modo como um bando de *guerreiros combate* numa *batalha* contra o *adversário*. Por isso, não surpreende que a cultura All Blacks de ritualização, simbolização e narrativa seja igualmente relevante para o ambiente de negócios e também se reflita em grupos de combate de elite, como os fuzileiros navais dos Estados Unidos.

Assim como os All Blacks com sua samambaia de prata, os fuzileiros têm como emblema a águia, o globo e a âncora. Assim como os All Blacks dizem "Uma vez All Black, sempre All Black", os fuzileiros dizem "Uma vez fuzileiro, sempre fuzileiro". Se os All Blacks têm a camiseta preta, os fuzileiros têm o uniforme azul. Todos eles "improvisam, adaptam e superam". Esses dois times são os melhores no que fazem.

Rituais, símbolos e lemas são o arremate de times e organizações de elite, são a tessitura que os entrelaça numa trama única. Embora os indivíduos possam mudar, os rituais permanecem e continuam a ser a estrutura que sustenta o credo coletivo.

Ritualize para realizar.

Não precisa ser algo tão óbvio como um *haka*.

Abrir a embalagem de um produto Apple é um ritual, tanto quanto retirar o anel de papel de um charuto Montecristo. Alguns fabricantes de uísque envolvem as garrafas em saco de veludo. Os tribunais de justiça compreendem o poder implícito em jurar com a mão sobre a Bíblia. No Natal damos presentes.

Não é uma coincidência que talvez o nome mais duradouro no mercado da publicidade, notoriamente volátil, seja Leo Burnett. O ritual dessa agência começou no primeiro dia de suas operações, em 5 de agosto de 1935, no auge da Grande Depressão. Para adicionar mais vida à recepção, desprovida de ornamentos, alguém colocou ali uma tigela com maçãs. As críticas não demoraram a aparecer.

Um jornalista cético decretou: "Não vai demorar muito até a Leo Burnett começar a vender maçãs na esquina em vez de distribuí-las de graça".

Como um gesto de desafio – e em defesa de uma nova maneira de pensar –, desde então a Leo Burnett oferece uma maçã a cada um que visita a agência, o que atualmente representa mais de mil maçãs por dia em todo o mundo. E nunca teve de vendê-las pelas esquinas para poder sobreviver.

Enquanto isso, a Saatchi & Saatchi, outra agência, tem seu lema inspirador, "Nada é impossível", inscrito nos degraus de pedra de sua sede em Londres. Eis outra demonstração ritual: quando você entra no edifício, cruza um umbral e chega a um espaço onde "qualquer coisa pode acontecer".

É parecido com o que acontece no Liverpool Football Club. Quando as equipes se encaminham para o campo, ambas devem passar pelas palavras "Este é Anfield" escritas num placar, realizando um ritual de significados diferentes dependendo das cores que cada time defende.

Os rituais fazem com que ideais se tornem reais e tangíveis, transformam-nos em *coisas* a serem *realizadas*.

Veja, por exemplo, o Lean Six Sigma, uma eficiente metodologia para melhorar desempenhos. Um elemento básico de seu funcionamento é o sistema de treinamento baseado em faixas coloridas: branca, amarela, verde, preta e máster preta. Essa ritualização do processo ajuda a despertar a curiosidade, a concentração e a competitividade interna, refletindo, rememorando, reforçando e reativando o propósito do projeto.

Outro extraordinário ritual é a Reunião de Sábado de Manhã do WalMart, que vem sendo realizada desde a fundação da empresa, há cinquenta anos. Atualmente, seus milhares de empregados comparecem ao vivo e *on-line* para ritualizar o compartilhamento de informações e o empenho coletivo. Entre os palestrantes convidados a essas reuniões já estiveram Bill Clinton, Warren Buffet, Henry Kissinger e Mark Zuckerberg.

Ritualize para realizar.

Os rituais podem ser corporativos: a sexta-feira com roupas informais, os drinques no final da tarde de sexta, a festa anual de Natal da empresa.

Podem ser sociais: papoulas vermelhas, presentear com objetos ou flores, usar diamantes, atender o telefone dizendo "alô", o Natal.

E podem ser pessoais: Frank Bunce, ex-All Black, nunca deixou sua camisa encostar no chão; Allan Hewson, também ex-All Black, usou a mesma cueca em todas as partidas. Depois de Neil Armstrong se tornar o primeiro homem a andar na Lua, toda vez que a via no céu à noite dava uma piscadinha para ela. Em seu funeral, em vez de aceitar flores ou doações, a família de Armstrong pediu que o mundo todo "desse uma piscadinha para a Lua".

Ritualize para realizar.

> **Os rituais contam a sua história, envolvem as pessoas, criam um legado. Os rituais transformam o intangível em realidade.**

Grandes ou pequenos, formais ou informais, corporativos ou criativos, pessoais ou profissionais, conscientes ou não, os rituais continuam a recriar os significados e trazem em seu bojo os valores e os propósitos mais profundos da pessoa, do lugar, do projeto.

Embora frequentemente se tornem quase invisíveis, os rituais nunca perdem seu sentido, sua metáfora, a história que nos contam sobre nós mesmos e sobre os outros: que somos hospitaleiros, gregários, unidos, generosos, respeitosos, lembrados, reverentes, comprometidos ou apaixonados.

Quando infundem rituais em uma cultura, os líderes criam um receptáculo para a preservação de sua essência mais verdadeira, capturando-a para as futuras gerações. Como reza o antigo ditado, "diga-me e eu esquecerei; mostre-me e eu talvez me lembre; envolva-me e eu aprenderei".

Os rituais representam a linguagem em seu estágio pré-verbal; são a experiência traduzida no plano físico. Juntamente com os valores e um vocabulário específico, mantras e lemas, narrativas e metáforas, sinais e símbolos, os rituais e suas repetições são efetivamente a corporificação literal de nossa história principal. Quando realizamos um ritual, encarnamos o sistema de ideias e conceitos que norteia nossa comunidade e nossa cultura.

Os rituais funcionam como um processo psicológico, na transição de um estado para outro, levando-nos a outra dimensão de nosso ser.

A um novo modo de ser do time.

> *Ka tū te ihiihi*
> Seja destemido
> *Ka tū te wanawana*
> Nosso espírito exaltará
> *Ki runga ki te rangi*
> Subiremos aos céus
> *E tū iho nei, tū iho nei, hī!*
> Alcançaremos o zênite, a altura mais elevada!
> *Au! Au! Au!*

Ritualize para realizar

Os All Blacks são famosos por seu *haka*, um dos fenômenos mais empolgantes e notáveis do mundo dos esportes. O público adora, e o pessoal de *marketing*, também; afinal, é um elemento fundamental da marca All Blacks. No entanto, não são esses os motivos que levam o time a executar o *haka*. Os jogadores usam-no para se reconectar ao seu propósito fundamental, para se conectar com o eixo primordial de sua cultura, para convocar os ancestrais que estão no fundo da terra a fim de que venham ajudá-los na batalha, uni-los uns aos outros, tanto quanto para intimidar os adversários. Os líderes podem usar os rituais como um desafio aos oponentes e para si mesmos a fim de contribuir com o legado, superar expectativas, corporificar um sistema de valores e ideias. Quando criam seu próprio equivalente do *haka*, os líderes podem agregar ao propósito geral da empresa um significado pessoal e o sentimento de pertencer a algo maior. Líderes sábios buscam maneiras de "ritualizar o empreendimento", encontrando processos vívidos e viscerais que deem vida ao seu *éthos*.

Au, au, aue, hā!

Chegou a nossa hora!
Chegou o nosso momento!

Whakapapa

E tāku mōkai, he wā poto noa koe i waenganui i te wā kua hipa me te wā kei tū mai.
Você é apenas um grão no tempo situado entre duas eternidades: o passado e o futuro.

SEJA UM BOM ANCESTRAL
Plante árvores que
você nunca verá.

A corda da raça humana

Gilbert Enoka segura uma longa corda trançada de fibras de linho. É um objeto lindo e misterioso, feito por muitas mãos, ao tradicional modo maori, e espaçadamente decorado com fitas coloridas. "Este é o linho que as mulheres do alto da Costa Leste colheram e cortaram", revela Enoka. "Elas fervem as plantas, secam e depois fazem esta corda."

Ele aponta os detalhes. Três faixas entrelaçadas nas cores preta, prateada e vermelha vão do começo ao fim da corda, traçando um longo desenho espiral. *Te torino haere whakamua, whakamuri*, diz o provérbio: "Ao mesmo tempo que a espiral segue adiante, ela está voltando". Como muitas outras coisas nesse ambiente extraordinário, essa corda é uma metáfora para além do rugby. Ela representa a vida humana, a ligação com nosso passado, presente e futuro.

Apontando para a faixa prateada, Enoka explica: "Essa é a samambaia da Nova Zelândia. O preto representa a negritude de nossa herança e a camisa", ele acrescenta enquanto acompanha o desenho das fibras escuras, de uma ponta a outra. "E o vermelho é o sangue", ele diz, apontando para a terceira faixa. "Não importa se você vem de Samoa, Tokelau ou algum outro lugar. Você é parte disto, você tem sangue vermelho no corpo, e ele se mescla à negritude."

Então ele mostra as fitas coloridas: "Cada uma delas é um escalpo. Azul para a Argentina, carmim para o País de Gales, azul-escuro para a França, e três vermelhas seguidas. Foi quando derrotamos os British Lions...".

"Quando perdemos, amarramos uma fita preta. Porque temos de aprender com isso", ele também diz. "Isto deverá ir para todos os vestiários", ele conta e levanta a corda no alto. "É a corda e a nossa ligação com ela. A ideia é enterrá-la na fazenda de Brian Lochore, e assim ela voltará à terra."

É *Te Taura Tangata*, a Corda da Raça Humana.

Essa corda destila a alma ancestral do time, interligando o passado, o presente e o futuro, estendendo-se desde o princípio até o fim dos tempos.

É a *whakapapa* do time.

Whakapapa é a nossa genealogia, nosso lugar na ordem ascendente de todos os seres vivos. Literalmente, significa empilhar pedras, umas sobre as outras, para que subam do chão até o céu. É uma ideia que implica a eterna deposição de nossos ancestrais, de nossas vidas, de nossas histórias e mitos, numa construção que vem desde o início dos tempos até o momento presente e prosseguirá pelo futuro. Significa a interdependência de todas as coisas – antepassados, espiritualidade, história, mitologia, *mana* –, de tudo que existe, de tudo que existiu, de tudo que venha a existir. Esse é um preceito fundamental do povo maori e o espírito essencial dos All Blacks.

"Para mim, *whakapapa* é a mais elevada expressão da mentalidade de um time", afirma Owen Eastwood. "Eu enxergo a ideia maori de cada um de nós ser um elo de uma corrente inquebrável de pessoas, de braços entrelaçados, que vem desde quando a tribo começou – com nosso primeiro ancestral – e seguirá em frente até o fim dos tempos. O sol se move lentamente ao longo desse encadeamento de pessoas, significando a vida", Owen diz, e conclui: "O importante é que, quando o sol está sobre nós, herdamos os valores, as histórias, a mitologia e os padrões de nossa tribo – e correspondemos a esses padrões –, para então transmitir esse legado à pessoa seguinte na cadeia [...]. Penso que essa seja a mais fundamental mentalidade de nosso time".

Em 1999, a Adidas fez um anúncio que começava com o mais antigo capitão ainda vivo dos All Blacks, Charlie Saxton. Ele estava em um vestiário usando sua camisa de jogador. Então, veste uma nova camisa por cima da sua e "reencarna" na figura de Fred Allen, grande capitão e treinador dos All Blacks. Em ordem cronológica, camisas sucessivas vão mostrando uma sequência de capitães até chegar a Sean Fitzpatrick e, finalmente, Taine Randell, o capitão do time naquela época.

Uma linhagem de líderes.

O texto desse excepcional anúncio dizia: "O legado é mais intimidador do que os adversários".

Graham Henry lembra que "existe um ditado importante no time: 'Você não é o dono da camisa. É só o corpo nela, naquele momento'. Nossa missão é dar continuidade ao legado e contribuir para ele quando houver oportunidade. Os atuais All Blacks jogam por aqueles que usaram a camisa antes. Isso é de uma importância gigantesca para os atuais jogadores".

E eles também jogam pelos All Blacks que ainda vão nascer.

> **Verdadeiros líderes são mordomos do futuro. Eles assumem a responsabilidade de contribuir para o legado.**

A paternidade é um assunto importante para os All Blacks, com a transmissão de conhecimentos para as próximas gerações, com a preocupação de encaminhar o futuro.

"O motivo de os filhos se tornarem pessoas corretas é seus pais serem pessoas corretas", diz Sean Fitzpatrick. "Os diabinhos que só atormentam são aqueles, em geral, que foram mal encaminhados."

"O que você deixa para trás não é o que ficou inscrito em monumentos de pedra, mas aquilo que ficou marcado na vida dos outros."

Ubuntu.

Uma marca no universo.

Nos All Blacks, como na paternidade, no mundo dos negócios, na vida, trata-se de deixar a camisa em melhor situação do que a recebeu. E isso exige caráter.

"Nunca deixe a música acabar", Jock Hobbs disse ao time no início da Copa do Mundo de Rugby. Todos ali sabiam que ele estava com câncer terminal, mas Hobbs queria passar para a nova geração uma parte do espírito do time. Algumas semanas depois, ele presenteou Richie

McCaw com um boné prateado para marcar sua 100ª partida como All Black. O legado de Hobbs sobrevive, sua música não acabou.

A música que comanda o eixo dos All Blacks e de toda boa liderança – em que se harmonizam fé, orgulho, respeito, humildade, excelência, expectativa, coragem, propósito e sacrifício – é transmitida do passado para o presente, do presente para o futuro, ao longo de uma extensa e inquebrável corda de vida, a *whakapapa* intelectual, emocional e espiritual.

Os maori dizem: *Toku toa, he toa rangatira*. A minha bravura é herdada dos líderes que vieram antes de mim. Eu me ergo sobre os ombros de gigantes.

Extrapolando essa ideia para outros domínios e chegando até o mundo dos *desktops* e baias, PowerPoint e prazos, *whakapapa*, esse conceito de deixar a camisa em melhor situação do que a encontrou, torna-se um poderoso recurso de liderança.

A empresa de aviação Boeing, por exemplo, tem uma *whakapapa* que mudou o mundo. Desde o 707 e a era do avião a jato, o 747 e o turismo de massa em voos longos, o 737 e os voos mais curtos e econômicos, até o 777 e a globalização de voos de passageiros e cargas, e agora o 787, que, apesar de problemas no início da operação, tornou-se pioneiro na baixa emissão de poluentes e empurrou mais uma nova fronteira adiante, a Boeing tem deixado sua marca no universo. Para os incumbidos de desenvolver o futuro da aviação, o legado é mais intimidador do que a competição.

Nesse mesmo sentido, a Saatchi & Saatchi, nas palavras de Kevin Roberts, é "uma empresa movida a legados". Desde seus primeiros passos, redefiniu a própria ideia do que seja uma agência de propaganda e, para Roberts, seu papel é dar continuidade ao legado e aprimorá-lo. Na Saatchi & Saatchi, como na Boeing, o legado é mais intimidador do que a competição.

Também na Apple, os engenheiros acordam todo dia para encarar o legado de Steve Jobs: iMac, iPod, iTunes, iPhone, iPad... e se perguntam: "O que vem agora?". E depois disso? Que novidade iremos deixar no mundo?

Quando se é famoso por mudar o mundo a cada produto que lança, essas perguntas são muito importantes, mas não é preciso ser a Boeing, a Saatchi & Saatchi, a Apple, ou mesmo um time com um índice de 75% de vitórias ao longo de cem anos para invocar a *whakapapa*.

Em seu notável ensaio *Ancestors of the Mind*, Jim Traue discute a ideia da *whakapapa* do ponto de vista do ocidental branco, retomando conceitos transmitidos pela literatura que se tornaram sua linhagem cultural e intelectual:

> Nossos ancestrais da mente incluem os grandes pensadores da Grécia Antiga. Dramaturgos... cientistas... matemáticos... filósofos e moralistas como Sócrates, Platão e Aristóteles. Todos eles acreditavam na importância das ideias, no poder das ideias, todos acreditavam que o

mais alto propósito da humanidade era definir a natureza da verdade, da beleza e da justiça.

Você não tem de ser um All Black ou maori para entender que, como líder, é sua tarefa levar a bola adiante e deixá-la nas mãos da próxima geração.

Antes que a Apple se tornasse o que é, o herói de Steve Jobs era Dieter Rams, da Braun. É só comparar os *designs* da Braun da década de 1970 com os produtos da Apple que se poderá ouvir a mesma música no ar. Na falta de uma linhagem direta, Jobs criou a sua.

John Lassiter, da Pixar, era fã de carteirinha de Walt Disney e não é coincidência que, depois de um tempo, a Disney Co. tenha adquirido a Pixar. Do ponto de vista espiritual, são almas gêmeas. A música continua no ar.

Legados geram legados; essa é sua essência e sua força.

Todos nós temos nossa *whakapapa* individual, a linhagem ancestral que nos trouxe até aqui. Para cada um de nós, é chegado o nosso momento, a nossa hora, a nossa chance de brilhar.

"Para mim, a vida não é uma vela pequena", escreveu George Bernard Shaw. "É uma espécie de tocha magnífica que posso empunhar por algum tempo, e quero que sua chama brilhe com tanta luz quanto possível antes de entregá-la à próxima geração."

Não deixe a música acabar.

Whakapapa é uma ideia humana primitiva, na encruzilhada do que é espiritual, filosófico, psicológico e emocional, dotada de formidáveis implicações para o líder autêntico.

Ela implica a noção de encaminhar o passado, refletido e revigorado por meio de rituais e responsabilidades, e a de encaminhar o futuro. É uma espécie de liderança que não valoriza apenas os limites corporativos, ou o valor das ações, as colunas de lucros e perdas, o ego, a vaidade e o *status* individual. Seu foco é a contribuição que se pode dar à linhagem da empresa e da equipe, e inclusive do planeta, e a contribuição que o indivíduo dá ao *continuum* mais profundo da vida. Trata-se de uma forma de liderança que paga dividendos da mesma maneira que "o placar marca por si mesmo".

E entrega *mana*.

O verdadeiro líder é chamado a "deixar a camisa em melhor situação", respeitando um código de conduta alinhado com a máxima de Jonas Salk, para quem "nossa primeira responsabilidade é ser um bom ancestral".

Hoje em dia é difícil lembrar ou imaginar a vida tal qual era nas décadas de 1940 e 1950.

A poliomielite tinha atingido proporções epidêmicas. Era o pior pesadelo de pais e mães, paralisando mais de 500 mil pessoas por ano no mundo todo. "O público estava reagindo a uma praga", como escreveu William O'Neill, um historiador social norte-americano. "Os moradores de áreas urbanas ficavam aterrorizados todos os verões quando esse temível visitante ressurgia. Sanatórios, aparelhos ortopédicos, membros atrofiados ficaram impregnados na consciência coletiva."

Jonas Salk mudou tudo isso. Em 12 de abril de 1955, ele apresentou ao mundo a vacina Salk, que enfim relegou a pólio a uma nota de rodapé nos livros de medicina e que foi saudada como um milagre. Da noite para o dia, Salk se tornou um herói, o homem mais respeitado dos Estados Unidos, e mesmo assim ele se recusou a patentear a nova vacina; em vez disso, doou-a à raça humana.

O filósofo e médico Albert Schweitzer disse: "O exemplo não é a coisa de maior importância para influenciar os outros. É a única coisa". Salk deixou um exemplo de sabedoria, usou sua fama para afirmar que a raça humana deveria mudar. Dizia que o consumismo, o capitalismo selvagem, a degradação ambiental e o crescimento populacional eram insustentáveis e que era "responsabilidade de todos encontrar soluções para os principais problemas que afetam a raça humana".

Em seu memorável livro, *The Survival of the Wisest*, Jonas Salk defende a noção de que a raça humana "ainda não enxergou a importância de compreender 'o propósito' da vida; portanto, ainda não viu seu propósito individual e coletivo, nem compreendeu onde se encaixa no esquema da evolução".

Qual é a minha missão neste planeta? O que precisa ser feito, e sobre o qual sei alguma coisa, que provavelmente não acontecerá a menos que eu assuma essa responsabilidade?

Como diz um antigo ditado grego, "a sociedade se desenvolve da maneira certa quando os velhos plantam árvores cuja sombra eles nunca verão". Assim como "Pessoas melhores dão melhores All Blacks", elas também dão melhores cientistas, CEOs, empreendedores, banqueiros, investidores de fundos privados, advogados, executivos da propaganda, açougueiros, padeiros e artesãos que fazem velas. Pessoas melhores dão melhores mães, pais, irmãs e irmãos, professores, políticos e amigos.

Todas juntas, coletivamente e aos poucos, numa espécie de *kaizen* movido a compaixão, pessoas melhores fazem um mundo melhor.

Essas são nossas pegadas sociais.

Pegadas sociais são o impacto que a nossa existência tem – ou pode ter – em outras vidas. Começa com o nosso caráter – o profundo respeito por nossos valores mais fundamentais – e implica um questionamento honesto e comprometido sobre o propósito da nossa existência. O que é mais sagrado para nós? Qual é o nosso propósito aqui? O que podemos transmitir, ensinar? Que lugar ocupamos na *whakapapa*?

Grandes times jogam em nome de um propósito mais elevado. De "Unindo e inspirando os neozelandeses" a *Ubuntu*; de *Semper Fidelis* a "Democratizar o automóvel", "Tornar o mundo um lugar melhor para todos" e "Eu tenho um sonho", os líderes mais inspiradores jogam um jogo maior e mais importante.

Não faz muito tempo, respeitávamos os banqueiros, os investidores vorazes e os financiadores de risco simplesmente porque "faziam" dinheiro, como se isso, e nada mais, fosse o suficiente. Mas, após o deplorável colapso dos padrões financeiros, ficou claro que isso não é mais verdadeiro.

Não há nada errado em fazer dinheiro, mas como única ambição certamente não serve de inspiração para esta geração emergente que valoriza os contatos humanos, a interação social e a autenticidade mais do que os cifrões. Neste mundo ocidental cada vez mais secularizado, as pessoas andam em busca de respostas para a indagação que a religião ofereceu por milhares de anos: como viver? Em tempos de austeridade, persiste o desejo de algo que faça uma diferença duradoura, a ânsia por uma espiritualidade secular em lugar do materialismo evangélico.

Numa sociedade gravemente enganada pelas promessas corporativas, parece que o "capitalismo" tem a oportunidade de se redefinir e jogar de outro jeito. Não é mais suficiente apenas ganhar; devemos ganhar com elegância. Devemos deixar a camisa em melhor situação.

Felizmente para os empresários mais cabeças-duras, o resultado dessa mudança de abordagem não é apenas uma fantasia altruísta ou um calmante sem sentido para a sociedade. Trata-se de um fator real para motivar o desempenho, a coesão e a convicção da organização.

É provável que os times – empresas ou causas – que contribuem para uma pegada social saudável venham a ser aqueles que sobreviverão e prosperarão nas próximas décadas. Eles recrutarão talentos melhores, despertarão mais lealdade e gerarão mais lucros com um círculo virtuoso de aquisições e recomendações, e construirão uma cultura sustentável de contribuições e êxitos. Seu valor como companhia decorrerá de seu valor para a sociedade.

Os cínicos – os que só estão atrás de dinheiro – foram desmascarados. O modelo que adotam não é mais sustentável. Cada vez mais, a riqueza pela riqueza não é uma definição decente de sucesso. Não cai bem nem em jantares festivos, nem em velórios.

Quando assumimos a responsabilidade por algo mais do que dividendos, acessamos uma vibração coletiva que não só é boa para o mundo como é boa também para os negócios. "Deixar a camisa em melhor situação" significa trabalhar gradativamente para alcançar um resultado coletivo melhor. Significa ser guardião do futuro, arquiteto do amanhã, mordomo da sociedade. Significa viver com respeito, humildade e excelência. Significa *mana*.

Para os líderes, significa que efetivamente lideraremos, em vez de apenas administrar, e que os outros derramarão sangue pelo nosso time. As pessoas querem acreditar em algo maior do que elas mesmas; os propósitos instigam e mobilizam as pessoas, e mobilizar pessoas é o propósito do líder.

"Servir aos outros é o aluguel que você paga pelo espaço que ocupa aqui na Terra", disse Muhammad Ali. No entanto, é mais do que aluguel, é uma questão de respeito. De honrar aquilo que somos capazes de nos tornar, de sermos ótimos em vez de apenas bons, de entrarmos num jogo maior, que se expande, que tem ambições crescentes.

E, de novo, tudo se resume a varrer o vestiário.

O termo "caráter" vem do grego antigo *kharakter*, que denomina a marca deixada na moeda durante seu processo de manufatura. Caráter é também a marca que a vida imprime em você, e a marca que deixamos na vida.

É o impacto que você causa quando está aqui, a impressão que deixa depois de partir.

O caráter decorre de nossos valores, propósitos, padrões que estipulamos para nós mesmos, sacrifícios e comprometimento, decisões que tomamos sob pressão. O caráter é basicamente definido pelas contribuições que damos, pelas responsabilidades que assumimos, pela liderança que demonstramos.

"No rugby, as partidas são principalmente uma questão de testar seu caráter", diz o atual técnico dos All Blacks, Steve Hansen. "Trata-se de colocá-lo sob pressão e verificar como você lida com a situação."

John Wooden disse: "Preocupe-se mais com seu caráter do que com sua reputação porque seu caráter é o que você realmente é, enquanto sua reputação é apenas o que os outros pensam de você".

O caráter é forjado pelo modo como respondemos aos desafios da vida e dos negócios, pelo modo como lideramos nossa vida e nossos times. Se damos valor à vida, a vida nos valoriza. Se a desvalorizamos, nos desonramos e desonramos a única chance que temos de viver. *Este* é o nosso momento.

Certamente, liderança é o exemplo que damos. O modo como lideramos nossa própria vida é o que faz de nós líderes. É o que nos dá *mana*.

Seja um bom ancestral

Nosso tempo é limitado. Compreender a fragilidade da vida é o primeiro passo para compreender nosso papel e nossa responsabilidade como líderes. A maior responsabilidade consiste em honrar aqueles que vieram antes de nós e aqueles que virão depois, "deixando a camisa em melhor situação". Somos os mordomos de nossas organizações, os cuidadores da nossa própria linhagem. Nossas atitudes de hoje despertarão ecos para além do nosso tempo. Eles serão nosso legado. *Manaaki Whenua, Manaaki Tangata, Haere whakamua.* Cuide da terra, cuide das pessoas, vá em frente.

E tipu, e rea, mō ngā rā o tōu ao.

Cresça e se ramifique pelos dias do seu mundo.

Legado

> *Te tōrino haere whakamua, whakamuri.*
> Ao mesmo tempo que a espiral segue adiante,
> ela está voltando.

ESCREVA SEU LEGADO
Este é o seu momento.

Quando um jogador entra nos All Blacks, ele ganha um livro. É um livro preto pequeno, encadernado em couro, um lindo objeto.

A primeira página traz a foto de uma camisa: é a do Originals, de 1905, o time que deu início a esse longo *whakapapa*. Na página seguinte, há outra camisa: a do Invincibles, de 1924; na outra, mais uma camisa, e na outra também, e assim até a camisa atual. Isso é uma *whakapapa* visual, repleta de significado, um legado do qual se quer fazer parte. As poucas páginas restantes desse manual dos All Blacks relembram os princípios do time, de seus heróis, valores e padrões, de seu código de honra, de seu *éthos* e do caráter do time.

Depois vêm páginas em branco à espera de serem preenchidas.

Chegou a hora de deixar a *sua* marca, eles dizem. A *sua* contribuição.

É a hora de deixar um legado. *O seu* legado.

É a sua hora.

Os primeiros XV: lições de liderança

Um time de rugby tem quinze jogadores que trabalham juntos por um propósito comum: vencer. Estes princípios funcionam da mesma maneira: cada um tem seu papel, sua responsabilidade, sua posição em campo.

Em conjunto, constituem os Primeiros XV.

I   Varra o vestiário
Nunca seja grande demais para fazer as pequenas coisas que precisam ser feitas.

II   Foco no que falta
Quando estiver no auge do seu jogo, mude o jogo.

III   Jogue com um propósito
Pergunte "por quê?".

IV   Passe a bola
Líderes criam líderes.

V   Crie um ambiente de aprendizagem
Líderes são professores.

VI   Babacas não
Siga a ponta da lança.

VII   Abrace as expectativas
Mire a nuvem mais alta.

VIII   Treine para vencer
Pratique sob pressão.

IX   Mantenha a cabeça fria
Controle sua atenção.

X   Conhece-te a ti mesmo
Seja real.

XI   Campeões vão além
Encontre algo pelo que morrer e dedique a vida a isso.

XII   Invente sua própria linguagem
Que suas palavras criem seu mundo.

XIII   Ritualize para realizar
Crie uma cultura.

XIV   Seja um bom ancestral
Plante árvores que você nunca verá.

XV   Escreva seu legado
Este é o seu momento.

Whakataukī

Haere taka mua, taka muri; kaua e whai.
Seja um líder, não um seguidor.

Ehara taku toa i te toa takitahi, engari he toa takitini.
Qualquer eventual sucesso não deve ser atribuído
apenas a mim; foi um trabalho de todos nós.

Waiho mā te tangata e mihi.
Que outra pessoa elogie suas virtudes.

Waiho kia pātai ana, he kaha ui te kaha.
Que prossiga o questionamento; a habilidade da
pessoa está em fazer perguntas.

Kāore te kūmara e whāki ana tana reka.
A *kūmara* (batata-doce) não precisa dizer que é doce.

I orea te tuatara, ka puta ki waho.
Quando é cutucado com uma vareta, o tuatara surge.
(O problema é resolvido porque se insiste em achar
uma solução.)

He rangi tā Matawhāiti,
he rangi tā Matawhānui.
A pessoa de visão estreita enxerga um horizonte
estreito,
a pessoa de visão ampla enxerga um horizonte amplo.

Ki ngā whakaeke haumi.
Junte-se a quem consegue juntar as partes de uma canoa.
(Procure um líder que saiba unir as pessoas.)

Kohia te kai rangatira, ruia te taitea.
Fique com a comida boa, jogue fora o lixo.

Te tīmatanga o te mātauranga ko te wahangū,
te wāhanga tuarua ko te whakarongo.
O primeiro estágio da aprendizagem é o silêncio;
o segundo é escutar.

Ā muri kia mau ki te kawau mārō, whanake ake,
whanake ake.
Mantenha a formação de ponta de lança dos *kawau.*

He iti wai kōwhao waka e tahuri te waka.
Um fio d'água vazando por um buraquinho inunda a
canoa.

Kia urupū tātou; kaua e taukumekume.
Fiquemos unidos, sem nos lançar uns contra os outros.

Ko taku reo taku ohooho, ko taku reo taku māpihi mauria.
Minha língua é meu despertar, minha língua é a
janela para minha alma.

Whāia te iti kahurangi; ki te tuohu koe,
me he maunga teitei.
Mire a nuvem mais alta; se você não a alcançar, pelo
menos atingirá uma montanha elevada.

Ko te piko o te māhuri, tērā te tupu o te rākau.
O jeito como cresce o broto da planta determina
como cresce a árvore.

Tangata akona ki te kāinga, tūngia ki te marae, tau ana.
A pessoa que é educada em casa se portará com
confiança na comunidade.

Mā te rongo, ka mōhio;
Mā te mōhio, ka mārama;
Mā te mārama, ka mātau;
Mā te mātau, ka ora.
De ouvir vem o conhecimento;
Do conhecimento vem o entendimento;
Do entendimento vem a sabedoria;
Da sabedoria vem o bem-estar.

Whakapūpūtia mai ō mānuka, kia kore ai e whati.
Reúna os galhos da *manuka* para que não se
quebrem.

He tangata kī tahi.
A pessoa em cuja palavra se pode confiar.

Ka tū te ihiihi
Seja destemido.

Kaua e mate wheke, mate ururoa.
Não morra como um polvo, morra como um
tubarão-martelo.

Whakataukī 253

Taringa whakarongo.
Que seus ouvidos ouçam.

*He aha te kai o te rangatira. He kōrero, he kōrero, he
kōrero.*
Qual é o alimento do líder? É o conhecimento. É a
comunicação.

E tipu, e rea, mō ngā rā o tōu ao.
Cresça e se ramifique pelos dias do seu mundo.

Te tōrino haere whakamua, whakamuri.
Ao mesmo tempo que a espiral segue adiante,
ela está voltando.

*Manaaki Whenua, Manaaki Tangata, Haere
whakamua.*
Cuide da terra, cuide das pessoas, vá em frente.

Agradecimentos

Todos os créditos para

Obrigado a *Sir* Graham Henry, Wayne Smith, Steve Hansen e Gilbert Enoka por seu tempo e lucidez.

A Richie McCaw e seus All Blacks por me receberem em seu mundo e trazerem a Webb Ellis Cup de volta ao lugar que lhe pertence.

A Sean Fitzpatrick, Andrew Mehrtens e Anton Oliver por seu tempo e por terem deixado a camisa em melhor situação.

A Steve Tew, Brian Finn, Darren Shand e Joe Locke por seu profissionalismo e trabalho anônimo, nos bastidores, em prol do rugby neozelandês. À *sala de máquinas* dos All Blacks de 2010 – drª Deb Robinson, Peter Gallagher, Nic Gill, Peter Duncan, Alistair Rogers, Mike Cron, Bianca Thiel, Grunta – e a Poss. Obrigado, e parabéns, pessoal.

Kevin Chapman e Warren Adler, obrigado por terem tido fé. Espero termos deixado um legado. A George Kerr, por sua perspicácia e apoio. A Julie Helsen e Jan Clarke pelo trabalho que realizam com crianças deficientes na Nova Zelândia: vocês são verdadeiros heróis. A Nick Danziger, meu braço direito, pelo talento e amizade.

Obrigado a Owen Eastwood, da Hoko e da Lewis Silkin; a Will Hogg, da Kinetic Consulting; a Justin Hughes, da Mission Excellence; a Kevin Roberts, da Saatchi & Saatchi; a Paul Vaughan, do Cardinal Red; a Robbie Deans, Ken Franks e Bede Brosnahan, da Gazing Performance Systems; e aos meus colegas e clientes ao longo dos anos por seu apoio e esclarecimentos sobre negócios.

Agradeço especialmente a Roger Hart, Ed Woodcock, Martin Grimer, Jim Paterson, Stephen Woodward e todo o pessoal da Aesop Agency por serem a "melhor agência de contação de história do mundo" e por suas inestimáveis contribuições, criatividade e inteligência, em particular Dan Calderwood, pela competência no *design*, e Fiona Chapman e Amy Loughnane, pela eterna paciência.

Meu muito obrigado a todos os autores que citei. Tenho plena consciência de ter me apoiado nas costas de gigantes para poder realizar este livro, e espero ter feito justiça a suas ideias num espaço tão curto. Desejo mencionar especialmente Daniel Kahneman, Daniel Pink, Victor Frankl, Bruce Chatwin, Stephen Sinek, Bob Howitt, Greg McGee, Matthew Syed, Bill Walsh, Jim Collins, John Wooden, Vince Lombardi, Phil Jackson, Pat Williams e Clive Woodward. Além desses, agradeço a Wynne Grey, Gregor Paul, Spiro Zavos, Pamela Hawley, Keith Quinn,

David Benuik, Delice Coffey, Keith Rogers, Reg Birchfield e todos os demais jornalistas esportivos de rugby e de negócios que trouxeram informações substanciais para este livro e me mantiveram informado.

Obrigado a George Plimpton, cujo livro *Paper Lion* foi o início de tudo.

Obrigado a Inia Maxwell, Kateia Burrows, Lauren Timihou-Farnsworth e à equipe do Te Puia, em Rotorua, e também do NZTC International por sua ajuda com o *whakataukī*. Tenho plena consciência de estar trabalhando com algumas das crenças sagradas dos maori, e só posso acrescentar que o faço com o máximo respeito e reverência. Meus ancestrais também estão enterrados em Aotearoa.

Andreas Campomar, Charlotte MacDonald, Sam Evans, Rob Nichols e Clive Hebard, de Constable & Robinson: obrigado pelo apoio a esta ideia e por fazerem com que se concretizasse. Obrigado a Fritha Saunders por sua fé; a Howard Watson pela concisão e precisão, e a Pippa Masson, minha agente, pelos sábios conselhos.

A Simon Coley e Jodi Redden, Sofia e Lu Lu, obrigado por serem a minha casa fora de casa, na Nova Zelândia. Este livro, estas palavras, não são suficientes. Kristina Stoianova, Richard Boon, Cindy Baxter, Matthew e Ainsley Johnstone, Katherine Bonner, Keith Tannock, Andrew Donaldson, Sam Martin, Rob Kerr, Jane Kerr e Paul e Val Pelham: obrigado. Cada qual a seu modo, vocês me ajudaram a tornar este projeto possível.

Sam e Charlie, meus filhos, obrigado. Vocês são meu legado.

E, por fim, minha eterna gratidão a Holly.

Por tudo, para sempre.

Ehara taku toa i te toa takitahi, engari he toa takitini.
Qualquer eventual sucesso não deve ser atribuído apenas a mim; foi um trabalho de todos nós.

Referências bibliográficas

A maior parte do tempo de um escritor é gasta em leituras.
A fim de escrever, o sujeito vai revirar metade de uma biblioteca
para produzir um único livro.
SAMUEL JOHNSON,
citado em *The Life of Samuel Johnson*,
de James Boswell

Livros

ARMSTRONG, Alan. *Maori Games and Hakas*. Auckland: Reed, 2005. [1. ed., 1964.]

BROADWELL, Paula; LOEB, Vernon. *All In: The Education of General David Petraeus*. Nova York: Penguin, 2012.

BROUGHAM, A. E.; REED, A. W. *Maori Proverbs*. Auckland: Reed, 1975.

BURKE, Kenneth. *The Philosophy of Literary Form: Studies in Symbolic Action*. Berkeley: University of California Press, 1974.

CALNE, Donald. *Within Reason: Rationality and Human Behaviour*. Nova York: Pantheon Books, 1999.

CAMPBELL, Joseph. *Myths to Live By*. Nova York: Viking Press, 1972. [Ed. bras.: *Para viver os mitos*. São Paulo: Cultrix, 2007.]

_____; MOYERS, Bill. *The Power of Myth*. Nova York: Doubleday, 1988.

CARLSON, Anthony; WRIGHT, Donald P.; DOIDGE, Michael. *Thunder Run, a Case Study in Mission Command, Baghdad*. Leavenworth County: Combat Studies Institute Press, iBook, 2013.

CHANDLER, Alfred Dupont. *Strategy & Structure: Chapters in the History of the Industrial Enterprise*. Cambridge: MIT Press, 1962.

CHATWIN, Bruce. *The Songlines*. Londres: Vintage Classics, 1986. [Ed. bras. *O rastro dos cantos*. São Paulo: Companhia das Letras, 1996.]

COCHRANE, Brett; KERR, James. *Twenty Eight Heroes*. Seattle: Teddy Bears Press, 1991.

CODRINGTON, Robert. *The Melanesian Languages*. Oxford: Clarendon Press, 1885.

COLLINS, Jim. *Good to Great*. Londres: Random House, 2001. [Ed. bras.: *Empresas feitas para vencer*. São Paulo: HSM, 2013.]

COVEY, Stephen R. *The 7 Habits of Highly Effective People*. Londres: Simon & Schuster, 2004. [Ed. bras.: *Os sete hábitos das pessoas altamente eficazes*. Rio de Janeiro: Best Seller, 2005.]

FEINSTEIN, John. *A Season on the Brink*. Nova York: Fireside, 1986.

FITZPATRICK, Sean; FITZGERALD, Andrew. *Winning Matters: Being the Best You Can Be*. Auckland: Penguin, 2011.

FRANKL, Victor E. *Man's Search for Meaning*. Londres: Ebury, 2004. [Ed. bras.: *Em busca de sentido*. Petrópolis: Vozes, 2015.]

GEORGE, Bill. *True North: Discover your Authentic Leadership*. São Francisco: Jossey Bass, 2007. [Ed. bras.: *Autenticidade: O segredo do bom líder é ser fiel a seus princípios*. São Paulo: Saraiva, 2012.]

GILSON, Clive; PRATT, Mike; ROBERTS, Kevin; WEYMES, Ed. *Peak Performance: Business Lessons from the World's Top Sports Organizations*. Londres: HarperCollins, 2001.

GOETHALS, George; SORENSON, Georgina; BURNS, James MacGregor. *Encyclopedia of Leadership*. Thousand Oaks: Sage, 2004.

HANDY, Charles. *The Empty Raincoat: Making Sense of the Future*. Londres: Arrow, 2002.

HITE, J. *Learning in Chaos*. Houston: Gulf Publishing Company, 1999.

HOWITT, Bob. *Graham Henry: Final Word*. Auckland: HarperCollins, 2012.

ISAACSON, Walter. *Steve Jobs: The Exclusive Biography*. Londres: Little, Brown, 2011. [Ed. bras.: *Steve Jobs*. São Paulo: Companhia das Letras, 2011.]

JACKSON, Phil; DELEHANTY, Hugh. *Sacred Hoops*. Nova York: Hyperion, 1995.

KAHNEMAN, Daniel. *Thinking, Fast and Slow*. Nova York: Farrar, Strauss and Giroux, 2011. [Ed. bras.: *Rápido e devagar: duas formas de pensar*. Rio de Janeiro: Objetiva, 2012.]

KERR, James; DANZIGER, Nick. *Mana*. Auckland: Hachette, 2010.

KIPLING, Rudyard. *The Second Jungle Book*. 1. ed. Londres: McMillan, 1895.

KOTTER, John. *Leading Change: An Action Plan from the World's Foremost Expert on Business Leadership*. Cambridge: Harvard Business Press, 1996.

LOMBARDI JR., Vince. *The Lombardi Rules*. Nova York: McGraw-Hill, 2003.

LONGWORTH, Philip. *The Art of Victory*. Nova York: Holt, Rinehart and Winston, 1965.

MASAAKI, Imai. *Kaizen: The Key to Japan's Competitive Success*. Nova York: Random House, 1986.

McCONNELL, Robin. *Inside the All Blacks*. Auckland: HarperCollins, 1998.

McGEE, Greg; McCAW, Richie. *The Real McCaw*. Hachette: NZ, 2012.

MINISTÉRIO DA DEFESA DOS ESTADOS UNIDOS. *Dictionary of Military and Associated Terms*. US Department of Defense, 2013. Disponível em: <www.dtic.mil/doctrine/dod_dictionary>.

MOKO MEAD, Hirini; GROVE, Neil. *Nga Pepeha anga Tipuna (The Sayings of the Ancestors)*. Wellington: Victoria University Press, 2001.

MOORE, Richard. *Sky's Limit: Wiggins & Cavindish: the Quest to Conquer the Tour de France*. Londres: Harper Sport, 2011.

PARKER, Jeffrey Thompson. *Flicker to Flame; Living with Purpose, Meaning and Happiness*. Garden City: Morgan-James, 2006.

PATTERSON, Kerry; GRENNY, Joseph; MAXFIELD, David; McMILLAN, Ron; SWITZLER, Al. *Influencer: The Power to Change Anything*. Nova York: McGraw-Hill, 2008.

PETERS, Tom. *Thriving on Chaos*. Nova York: Harper Business, 1989.

_____; WATERMAN JR., Robert H. *In Search of Excellence: Lessons from America's Best-Run Companies*. Nova York: Harper Business, 1992.

PINK, Daniel L. *Drive: The Surprising Truth about what Motivates us*. Edimburgo: Canongate, 2011.

PLIMPTON, George. *Paper Lion*. Nova York: Harper & Row, 1965.

RICHARDS, Ellen. *Euthenics: The Science of Controllable Environment: A Plea for Better Conditions as a First Step Toward Higher Human Efficiency*. Boston: Whitcomb & Barrows, 1912.

SALK, Jonas. *Survival of the Wisest*. Nova York: Harper & Row, 1973.

SARTRE, Jean-Paul. *Essays in Existentialism*. Nova York: Citadel Press, 1967.

SCHWARZENEGGER, Arnold. *Total Recall: My Unbelievable True Life Story*. Nova York: Simon & Schuster, 2012. [Ed. bras.: *Arnold Schwarzenegger: a inacreditável história da minha vida*. Rio de Janeiro: Sextante, 2012.]

SINEK, Simon. *Start with Why: How Great Leaders Inspire Everyone to Take Action*. Nova York: Penguin, 2009. [Ed. bras.: *Por quê? Como motivar pessoas e equipes a agir*. São Paulo: Saraiva, 2012.]

STONE, W. Clement; HILL, Napoleon. *Success through a Positive Mental Attitude*. Upper Saddle River: Prentice-Hall, 1960.

SUVOROV, Alexander Vasilyevich. *The Science of Victory*. [s.l.]: [s.n.], 1776.

SUZUKI, Shunryu. *Zen Mind, Beginner's Mind*. Boulder: Shambhala, 2011.

SYED, Matthew. *Bounce: The Myth of Talent and the Power of Practice*. Londres: HarperCollins, 2010.

TE ARA. *Te Taiao: Maori and the Natural World*. Auckland: Bateman, 2010.

TOZAWA, Bunji; BODEK, Norman. *The Idea Generator: Quick and Easy Kaizen*. Vancouver: PCS Press, 2001.

TRAUE, J. E. *Ancestors of the Mind: A Pakeha Whakapapa*. Edmond: Gondwanaland Press, 1990.

TU, Khoi. *Superteams: The Secrets of Stellar Performance from Seven Legendary Teams*. Londres: Portfolio Penguin, 2012.

TUCÍDIDES. *History of the Peloponnesian War*, 11.43. [Ed. bras.: *História da Guerra do Peloponeso*. São Paulo: Martins Fontes, 2008.]

TUTU, Desmond. *No Future Without Forgiveness*. Nova York: Image, 2000.

ULRICH, David. *Delivering Results: A New Mandate for Human Resource Professionals*. Cambridge: Harvard Business School Press, 1991.

VERDON, Paul. *Tribute*. Auckland: Cumulus, 2001.

WALSH, Bill; JAMISON, Steve; WALSH, Craig. *The Score Takes Care of Itself: My Philosophy of Leadership*. Nova York: Portfolio Penguin Group, 2009.

WOLFE, Tom. *The Electric Kool Aid Acid Test*. Nova York: Picador, 2008.

WOODEN, John; JAMISON, Steve. *The Wisdom of Wooden: My Century on and off the Court*. Nova York: McGraw-Hill, 2010.

WOODEN, John; JAMISON, Steve. *Wooden: A Lifetime of Observations and Reflections on and off the Court*. Nova York: Mc-Graw-Hill, 1997.

WOODWARD, Clive. *Winning!* Londres: Hodder & Stoughton, 2005.

ZAFFRON, Steve; LOGAN, Dave. *The Three Laws of Performance: Rewriting the Future of Your Organization and Your Life*. Nova York: John Wiley & Sons, 2011.

Ensaios/artigos

ALDERSON, Andrew. *Rugby: Chiefs Riding a Surging Tide in Title Defence Bid*. Disponível em: <http://www.nzherald.co.nz/sport/news/article.cfm?c_id=4&objectid=10863073>.

ASHTON, Brian. *All Blacks Red/Blue Thinking Lights: A Path Everyone Else Should Follow*, 2011. Disponível em: <www.independent.co.uk/sport/rugby/rugby-union/news-comment/brian-ashtonall-blacks-redblue-thinking-lights-a-path-everyone-elseshould-follow-6257512.html>.

BARGH, John A.; CHEN, Mark; BURROWS, Lara. Automaticity of Social Behaviour: Direct Effects of Trait Construct and Stereotype Activation on Action. *Journal of Personality and Social Psychology*, 1996.

BOYD, John R. Destruction and Creation. US Army Command and General Staff College, 1976. Disponível em: <http://www.goalsys.com/books/documents/destruction_and_creation.pdf>.

CLEAVER, Dylan. The Stuff of Champions: Dan Carter. *New Zealand Herald*, 2012.

COLLINS, Tom. Mythic Reflections: Thoughts on Myth, Spirit, and our Times: An Interview with Joseph Campbell, The New Story. Contect Institute, 1985/1986. Disponível em: <http://www.context.org/iclib/ic12/campbell/>.

DEMPSEY, General Martin E. *America's Military: A Profession of Arms*. US Department of Defense, 2012. Disponível em: <http://www.defense.gov/news/newsarticle.aspx?id=67303>.

ERHARD, Werner; JENSEN, Michael C.; ZAFFRON, Steve. Integrity: where Leadership Begins – a New Model of Integrity. Cambridge: Barbados Working Paper/Harvard Business School NOM Working Paper nº 07-03, 2007. Disponível em: <papers.ssrn.com/sol3/papers.cfm?abstract_id=983401>.

HAWLEY, Pamela. Disponível em: <http://pamelahawley.wordpress.com/2013/01/18/the-self-esteem-of-leadership/>.

HENRY, Graham. Disponível em: <http://www.therugbysite.com/blog-posts/66/-my-most-important-lesson-by-graham--henry>.

JENSEN, Michael C. Integrity: Without it Nothing Works. *Rotman Magazine: the Magazine of the Rotman School of Management*, outono 2009. Barbados Working Paper nº 9-4, Harvard Business School NOM Working Paper nº 10-042, 2007. Disponível em: <papers.ssrn.com/sol3/papers.cfm?abstract_id=1511274>.

KASEKOVE, Evan. The Legacy of Bob Knight. *The Muhlenberg Weekly*, 2011.

KOTTER, John. *The Power of Stories*. Disponível em: <http://www.forbes.com/2006/04/12/power-of-stories-oped-cx_jk_01412kotter.html>.

LUCK, General Gary (aposentado) e a JS j7 Deployable Training Division. *Insights and Best Practices Paper; Mission Command and Cross-Domain Synergy*, março 2013. Disponível em: <http://www.dtic.mil/doctrine/fp/mission_command_fp. pdf, published under the auspices of Joint Staff J7>.

McKENDRY, Patrick. All Blacks: Preparation Is the Key. *NZ Herald*, 2012.

MASLOW, Abraham. A Theory of Human Motivation. *Psychological Review*, 50, 1943.

MINISTÉRIO DA DEFESA, quartel-general, 2003. Disponível em: <http://www.bits.de/NRANEU/others/amd-us-archive/ fm6(03).pdf/Mission Command: Command and Control of Army Forces/>.

PAUL, Gregor. Disponível em: <nzrugbyworld.co.nz/features 1154/mind-games>.

_____. The All Blacks' Longest Night Heralded a New Dawn. *New Zealand Herald*, 2012.

REASON, Mark. *The Voice of Reason*. Disponível em: <http:// www.therugbysite.com/blog-posts/305-what-stuart-lancaster -can-really-learnfrom-bill-walsh-by-mark-reason>.

RICH, Dr. Judith. Transcrição de Nelson Mandela em entrevista para Tim Modise. Disponível em: <www.huffingtonpost. com/dr-judithrich-/ubuntu_b_1834779.html>.

ROGERS, Keith. Disponível em: <http://www.reviewjournal. com/news/lasvegas/air-force-helping-hone-new-corps-leaders-2011>.

ROSE DR. Fact Sheet – Polio Vaccine Field Trial of 1954. March of Dimes Archives, 11/2/2004.

RUTLEDGE, Dr. Pamela. *Transmedia Storytelling: The Psychological Power of Story*. 2011. Disponível em: <mprcenter.org/blog/pamelarutledge>.

SHERINGHAM, Sam. Disponível em: <bbc.co.uk/blogs/sam sherigham/2012/06/tino-best-from-the-ridiculous.html>.

SLATER, Matt. Disponível em: <bbc.co.uk/sport/o/olympics/19174302>.

TOZAWA, Bunji. The Kaizen Reparting System and Human Resources Development. Japan Human Relations Association. *The Improvement Engine: Creativity & Innovation Through Employee Involvement: The Kaizen Teian System*. Portland: Productivity Press, 1995. p. 34.

Filmes

Training with the Forwards: Brad Thorn. Whero Films. Disponível em: <http://www.youtube.com/watch?v=VOS5O0-RItM>.

Inside the Black Jersey. Chapter Four: the Coaches. Disponível em: <https://www.youtube.com/watch?v=VI9d5zg-qJ0&list=PLFC0D02BC24FB2E56&index=2>.

Sites

www.bbc.co.uk/news
www.billgeorge.org
www.coachwooden.com
www.chalkprojects.com
www.fastcompany.com
www.frontrowgroup.co.uk
www.gazing.com

www.hbr.org

www.independent.co.uk

www.inthewinningzone.com

www.krconnect.blogspot.com

leadershipconference.wharton.upenn.edu

www.londonbusinessforum.com

www.management.co.nz

www.nature.com

www.newsroom.ucla.edu

news.stanford.edu/news/2005/june5/jobs-0161505.html

www.nzherald.com

www.rebonline.com.au/people/4838-leader-mind-games-2012

www.reviewjournal.com

www.sportspsychologybasketball.com

www.teara.govt.nz

www.telegraph.co.uk

www.theroar.com.au

www.therugbysite.com

Músicas/diálogos

STONE, Oliver (Dir.). *Um domingo qualquer*. Roteiro de John Logan e Oliver Stone. Estados Unidos: Warner Bros, Ixtlan, Donner's Company, 1999.

TE RAUPARAHA de Ngäti Toa. *The haka, Ka Mate*.

ALL BLACKS. *Kapa o Pango*. Desenvolvido com a contribuição de Derek Lardelli de Ngati Porou usando a mesma letra de

No Niu Tirini, o *haka* usado em 1924 pelos All Blacks, e que se origina do *haka* do deus dos terremotos, Raumoko, *Ko Ruaumoko e ngungurunei*.

KERR, Cochrane. As expressões "guru descalço", "copos de carboidratos" e "enormes garotos de escola" referem-se a *Twenty Eight Heroes*.

Entrevistas

Sir Graham Henry, Wayne Smith, Gilbert Enoka, Sean Fitzpatrick, Andrew Mehrtens, Anton Oliver, Owen Eastwood, Kevin Roberts, Will Hogg, Ed Woodcock, Roger Hart, Justin Hughes, Ken Franks, Bede Brosnahan, Richie McCaw e o time de 2010 dos All Blacks.

Um agradecimento especial a Bede Brosnahan e a Gazing Performance Systems por suas informações sobre treinos de intensidade e desempenho sob pressão. Um obrigado especial também para Will Hogg e seu Kinetic Consulting por informações sobre mudança de cultura e posicionamento. Meu especial obrigado a Greg McKee, principalmente pela história com o tio Bigsy em *The Real McCaw*; a Bob Howitt pelo inestimável contexto nas seções sobre mudança cultural; a Gregor Paul por seu trabalho sobre "o jogo mental", e a Owen Eastwood por seus esclarecimentos sobre cultura e diferencial competitivo. Um agradecimento especial também a Roger Hart, Ed Woodcock e a Aesop Agency por seus comentários e informações sobre narrativas de marcas.

Você pode encontrar o autor em <www.chalkprojects.com>.